LEBENS**MANAGEMENT** KONKRET

Hubert Klingenberger
Viola Zintl

Ich stark

- Mich und andere verstehen
- Entscheidungen treffen
- Konflikte wagen und bestehen

DON BOSCO

LEBENS**MANAGEMENT** KONKRET

Band 1: Ichstark
Band 2: Eigenständig
Erscheint September 2001
Band 3: Selbstbewusst
Erscheint April 2002

Die Deutsche Bibliothek – CIP-Einheitsaufnahme

Ein Titeldatensatz zu dieser Publikation ist
bei Der Deutschen Bibliothek erhältlich.

verlagsgruppe engagement

1. Auflage 2001 / ISBN 3-7698-1284-0

Umschlag: Birgit Baude
Grafik: Margret Russer
Produktion: Don Bosco Grafischer Betrieb, Ensdorf

Gedruckt auf umweltfreundlichem Papier.

Inhalt

Vorwort

Leben – Erleben – Überleben im neuen Jahrtausend 6

Einführung

Nicht mehr sicher, aber frei 10

Szenario zum 1. Band: Beates Probleme 11

Die Veränderungen von Gesellschaft und Menschen 12

Die Konsequenzen für Bildung und Politik 16

1. Es ist so und auch ganz anders – Sich und andere verstehen (Deutungskompetenz) 20

1.1 Vielfalt statt Einfalt 21

1.2 Wahr-nehmung und Wahr-heit 22

1.3 Sich selbst verstehen 36

1.4 Situationen verstehen 46

1.5 Andere verstehen – sich verständlich machen 50

2. Ich weiß, was ich will (Entscheidungskompetenz) 67

2.1 Zwischen Entscheidungsnot und Entscheidungschance 68

2.2 Mein Entscheidungsverhalten: Eine Bestandsaufnahme 71

2.3 Zielvorstellungen entwickeln 85

2.4 Stärken, Ressourcen, Potenziale und Freiräume 101

2.5 Entscheidungen treffen, dazu stehen und sie anderen mitteilen 112

3. Streiten will gelernt sein – Konflikte wagen und bestehen (Aushandlungskompetenz) 121

3.1 Konfliktentstehung und Konfliktlösung 127

3.2 Woher kommt's – Meine Konfliktbiografie 135

3.3 Die Wahrnehmung anderer 140

3.4 Ich und die anderen – Vermitteln und Aushandeln zwischen innen und außen 146

Literatur 158

Die Autoren 166

Vorwort

Leben – Erleben – Überleben im neuen Jahrtausend

Frei, mobil, eigenverantwortlich und auf sich selbst angewiesen – die Möglichkeiten, das eigene Leben ganz allein zu bestimmen, sind heute so groß wie nie. Aber wachsende Individualisierung hat oft ihren Preis: Verunsicherung und Überforderung.

Wenn wir unser Leben als Person und in Beziehung zu anderen bewusst und erfüllend gestalten wollen, brauchen wir eine ganze Menge an neuen Stärken und Fertigkeiten, so genannte »Schlüsselkompetenzen« für unser Leben heute: Die Fähigkeit zur Verständigung, Dialogbereitschaft und Beziehungsfähigkeit muss neu gefunden und geübt werden. Angesichts vieler verschiedener Alternativen müssen wir Strategien entwickeln, damit wir Entscheidungen überhaupt treffen können und damit wir in die auf uns einstürmenden Informationen Ordnung bringen. Und wir brauchen Quellen der Kraft, um uns im Alltag nicht selbst zu verlieren.
Die Voraussetzung dazu ist die Bereitschaft, an sich selbst zu arbeiten. »Lebensmanagement konkret« hilft Ihnen in diesem Prozess, sich fit zu machen. Gerade die, die mit anderen Menschen arbeiten, können so ihre Kommunikationsfähigkeit stärken, ein Nutzen sowohl für den Beruf als auch privat.

Lebensmanagement konkret

Insgesamt stellen wir neun Schlüsselkompetenzen vor, die einander ergänzen, vielfach aufeinander aufbauen und folgende drei Schwerpunkte bilden:

- Unter dem Motto »Deuten, Entscheiden, Aushandeln – Schlüsselkompetenzen im sozialen Miteinander« *(Band 1)*,
- unter dem Motto »Leben erinnern, Beziehungen gestalten, Mut schöpfen – Schlüsselkompetenzen für ein selbstbestimmtes Leben« *(Band 2)* und
- unter dem Motto »Kreativ vernetzen und verändern – Schlüsselkompetenzen für ein lebendiges Wissen« *(Band 3)*.

Deshalb finden sich im Text immer wieder auch Querverweise (▷) auf andere Kapitel. Diese Querverweise erleichtern Ihnen die Orientierung, wenn Sie die Kapitel in anderer Abfolge lesen wollen. Sicherlich werden Sie auch neue Aspekte in einem Kapitel entdecken, wenn sie es nach der Lektüre anderer Abschnitte nochmals lesen. Somit entsteht eine Art »zirkuläres Lernen«.

▶ Zum Vertiefen

Wir laden Sie ein, parallel zum Lesen dieses Buches ein »Lern-Tagebuch« zu führen. Es soll Ihnen helfen, das hier Gelesene auf sich selbst, auf Ihre Lebenssituation zu übertragen und anwendbar zu machen.
So können Sie die Übungen zur persönlichen Praxis im Lerntagebuch durchführen, wenn Sie nicht in dieses Buch hineinschreiben wollen oder Ihnen der Platz hier nicht ausreicht. Oder Sie können regelmäßig Ihren Lesefluss unterbrechen (z.B. nach jedem Kapitel oder nach jeweils 20 Minuten) und die Frage »Was hat das Gelesene mit mir zu tun?« im Lerntagebuch beantworten. All das soll und wird Ihnen dabei helfen, sich den Lese- und Lernstoff nachhaltig anzueignen und die Wahrscheinlichkeit der Einbettung in Ihr Leben zu erhöhen.
Benutzen Sie für das Lerntagebuch ein dickes DIN A 4-Heft oder einen schmalen DIN A4-Ordner. Damit das Lerntagebuch zu Ihrem Lerntagebuch wird, können Sie die Vorder- und die Rückseite des Heftes/Ordners mit Papier bekleben, das Sie zuvor bemalt oder in der Art einer Collage (im Internet gibt es auch Ideen dazu: www.ichstark.de) gestaltet haben, z.B. zu den Themen:

- *Was erwarte ich mir vom Lesen dieses Buches (bzw. der zwei weiteren Bände): Emotionen, Assoziationen, Situationen?*
- *Welche Bilder, Symbole, Farben verbinde ich mit dem über allem stehenden Thema »Mein eigenes Leben gestalten«?*

Am Ende des gestalterischen Werkens schützen Sie ihre Grafiken mit selbstklebender Folie. Fertig ist Ihr Lerntagebuch!

Es gibt in diesem Buch (und auch in den beiden anderen Bänden dieser Reihe) eine Vielzahl von Übungen für sich selbst und für die Gruppensituation. Manche haben wir in diversen Methodenbüchern und -sammlungen entdeckt und adaptiert; manche dieser Methoden haben wir selber entwickelt. Alle haben wir selber ausprobiert, persönlich und in unseren Seminaren. Die Methoden zur persönlichen Vertiefung können Sie beim Lesen dieses Buches durchführen. Die Methoden für die Gruppe sind für Leser/-innen gedacht, die für ihre Arbeit in Arbeits-, Trainings- und Seminargruppen Anregungen suchen. Für diesen Zweck können auch in einigen Fällen die Anregungen zur persönlichen Vertiefung in ein Seminardesign für Einzelarbeiten übertragen werden.

▶ Anregung für die Gruppe

Das Lerntagebuch ist auch sehr gut für das Lernen in Gruppen geeignet. Nachdem die einzelnen Teilnehmer/-innen ihr Lerntagebuch gestaltet haben, kann die Gruppe zu einer Matinee/Vernissage zusammenkommen, in der sie ihre Werke, d.h. die Einbandgestaltung vorstellt.

Am Ende jeder größeren Einheit kann die Leitung fünf bis zehn Minuten Zeit geben, die persönlichen Erkenntnisse und Vorhaben ins Lerntagebuch eintragen zu lassen.

Mut gemacht? Schön! Erfolgsgarantie gegeben? Weit gefehlt: Leider legt ratgeberähnliche Literatur oft den Eindruck pädagogischen Machbarkeitsdenkens nahe: Wenn ich die Übung nur oft genug mache oder die Regeln genauestens befolge, dann werde ich besser, erfolgreicher, glücklicher … Dem wollen wir widersprechen. In den Human- und Sozialwissenschaften gibt es keine Patentrezepte. Persönliche Weiterentwicklung ist nicht ohne Weiteres herstellbar, machbar. Das kontinuierliche Reflektieren über eigene und fremde Ideen, Beweggründe und Verhaltensweisen und das Orientieren an Leitfäden erhöht aber die Wahrscheinlichkeit der Einstellungs- oder Verhaltensänderung.

In diesem Sinne wünschen wir Ihnen Erfolge und Spaß bei der Lektüre dieses Buches.

▶ Tipp

Legen Sie sich in dieses Buch Blätter (etwas kleiner als DIN A5) mit der Aufschrift »Denkzettel« ein. Jedes Mal, wenn Sie einen wichtigen Gedanken

oder eine persönliche Schlussfolgerung festhalten wollen, notieren Sie dies auf einem Denkzettel.
Sie können diesen dann irgendwo in Ihrer Wohnung oder Ihrem Arbeitszimmer aufhängen oder auch in Ihr Lerntagebuch einkleben.

Wir danken den Teilnehmer/-innen unserer Seminare, die sich immer wieder auf die neuen methodischen Wege und Lernexperimente einlassen und nicht mit detaillierten, wertschätzenden Rückmeldungen sparen. Nicht zuletzt danken wir dem Don Bosco Verlag, der unsere Buch-Idee begeistert aufgegriffen und uns bei der Erstellung in fundierter Weise unterstützt hat.

München, im April 2001

Hubert Klingenberger
Viola Zintl

Einführung

Nicht mehr sicher, aber frei

In diesem Buch geht es um Lebensführung und -gestaltung, um die Lebenstüchtigkeit in Zeiten des Umbruchs und des Wandels, um die Lebenskunst.

Die folgenden Fragen können helfen, sich auf diese Themen einzustellen und den eigenen Standpunkt für den Beginn dieses Buches zu klären *(vgl. Baer u.a., 1997, 10ff.)*:

▶ **Anregung für Sie selbst**

Zur Klärung Ihres Vorverständnisses und Ihrer Vorerfahrungen laden wir Sie ein, die nachfolgenden Fragen für sich (vielleicht schon in Ihrem Lerntagebuch) zu beantworten:

- *Was gehört für Sie zu einem gemeisterten oder erfüllten Leben?*
- *Unter welchen äußeren und persönlichen Bedingungen haben Sie »Leben« gelernt?*
- *An welche typische »Elternsprüche« erinnern Sie sich (mit denen Ihnen Werte, Erfahrungen und Regeln beigebracht wurden)?*
- *Welche Pläne haben Sie in Ihrer Jugendzeit gemacht?*
- *Welche Fähigkeiten, Chancen, Erfahrungen und welche Einflüsse haben Ihnen bisher geholfen, Ihr Leben »zu meistern«?*
- *Welche Leitsätze haben sich für Ihr Leben bewährt?*

»Es hat sich ein tiefgreifender Wandel von geschlossenen und verbindlichen zu offenen und zu gestaltenden sozialen Systemen vollzogen. Nur noch in Restbeständen existieren Lebenswelten mit geschlossener weltanschaulich-religiöser Sinngebung, klaren Autoritätsverhältnissen und Pflichtkatalogen. Die Möglichkeitsräume haben sich in einer pluralistischen Gesellschaft explosiv erweitert. ... Nichts ist mehr selbstverständlich so wie es ist, es könnte auch anders sein; was ich tue und wofür ich mich entscheide, erfolgt im Bewusstsein, dass es auch anders sein könnte und dass es meine Entscheidung ist, es so zu tun.« *(Keupp, 1999, 12)*

So beschreibt *Heiner Keupp* und so ähnlich skizzieren viele andere das (Er-)Leben der Menschen in den Industriegesellschaften heute. Ein Beispiel dazu:

Szenario: Beates Probleme

Beate und Heinrich sind seit sechs Jahren verheiratet; sie haben zwei kleine Kinder: Jasmin und Manuel. Sie leben in einer mittelgroßen Stadt im Süden Deutschlands. Beide sind berufstätig: Beate als freiberufliche Trainerin, Heinrich als Abteilungsleiter bei einem großen Dienstleistungsunternehmen.

Seit mehreren Monaten geht es Beate in ihrer Ehe nicht mehr so gut (▷ über Heinrich werden wir mehr zu Beginn des 2. Bandes erfahren). Sie fühlt sich in ihren Bedürfnissen nicht wahrgenommen. Heinrich wird ihr immer fremder. Vieles, was sie an ehelichem Frust bisher gut weggesteckt hat, kann nicht mehr weggeschoben werden – weil es sich lange schon aufgestaut hat, wegen der Belastung durch die Kinder und vielem anderen mehr. Sie ist sich unsicher, ob ihre Einschätzung der Lage stimmt, ob die Gefühle trügen und sucht deshalb Gespräche:

- »Trennung? Um Gottes willen, an so was darf man doch gar nicht denken! Ihr habt noch so kleine Kinder – was soll aus denen denn werden. Deren Wohl muss im Vordergrund stehen.« (Beates Eltern)
- »Ich weiß gar nicht, was du hast. Ich gehe doch auf deine Wünsche ein. Aber es kann doch nicht immer nur nach deinem Willen gehen.« (Heinrich)
- »Du musst mehr auf dich schauen. Als berufstätige Mutter und Ehefrau ist es wichtig, dass du nicht zu kurz kommst. Du brauchst nicht zu erwarten, dass ein Mann auf so was achtet.« (Beates Freundin)
- »Dein Mann hat eine feste Anstellung. Du bist freiberuflich und hast für die Kinder zu sorgen. Da schleicht sich bei euch was ein, gegen das du dich rechtzeitig wehren musst.« (Beates Kollegin)

- »Sei nicht undankbar. Heinrich ist so ein toller Kerl. Ich würde mir das an deiner Stelle zweimal überlegen.« (Beates Schwester)
- »Suchen Sie mit Ihrem Mann das Gespräch. Wahrscheinlich ist ihm die Dringlichkeit der Lage gar nicht bewusst. Bringen Sie ihn mit zur Beratung!« (Eheberaterin)

Beate schwirrt der Kopf. So viele unterschiedliche Einschätzungen ihrer Situation, so verschiedene Meinungen, die oft dadurch noch verwirrender werden, weil sie Ähnliches schon selber gedacht oder gefühlt hat.

Aber eine Entscheidung muss her. Das Unwohlsein wird immer größer, immer unerträglicher. Doch welcher Weg ist der richtige? Viele Dinge sind zu bedenken: Welche Konsequenz zieht welche Entscheidung nach sich? Was wird mit den Kindern passieren? Was ist für sie das Beste? Wie schaut die finanzielle Seite des Ganzen aus? Kann ich mir eine eventuelle Trennung überhaupt leisten? Was werden die anderen sagen? Die Freunde? Die Familie? Heinrich? Woran muss ich alles denken, wenn ich mich von ihm trennen will? Was wird dann passieren? Was bedeuten die unterschiedlichen Alternativen für mein weiteres Leben? Beruflich? Als Frau?

Und gleichzeitig beschäftigt Beate die Frage: Egal wie ich mich entscheide, wie soll ich mit Heinrich reden? Meine Interessen werden auf jeden Fall in eine andere Richtung gehen als seine eigenen. Wie kann ich meine Position richtig 'rüberbringen? Er ist manchmal sehr uneinsichtig und kann sich nicht auf fremde Sichten einlassen. Vielleicht braust er auch auf? Wie kann ich mich schützen?

Die Veränderungen von Gesellschaft und Menschen

Beates Probleme sind so zahlreich, weil sich die Gesellschaft, in der sie lebt, grundlegend verändert hat. Manche sprechen von einer »neuen Moderne«, andere von einer »reflexiven Moderne«, wieder andere von der »Postmoderne«. Allen gemeinsam ist die Beschreibung von wesentlichen Entwicklungen und Umbrüchen, die das Leben und Erleben der Menschen heute bestimmen *(vgl. Keupp, 1994, 1998)*:

Demografische Entwicklung: Der zunehmende Geburtenrückgang und das allmähliche Ansteigen der Lebenserwartung führen zu einem Anwachsen des Anteils älterer und alter Menschen an der Gesamtbevölkerung.

Fortschreitender Wertewandel: Selbstbestimmung und Selbstverantwortung gewinnen weiterhin an Bedeutung. Dies bedeutet allerdings nicht eine Abnahme von Solidarität und Verantwortung. Vielmehr kann ein hohes Solidaritätspotential festgestellt werden *(vgl. Zulehner u.a., 1996).*

Ökonomischer Strukturwandel: Zu nennen sind hier die wachsende Globalisierung und die voranschreitende Automatisierung.

Geografische, soziale, ideologische und Beziehungsmobilität: Unter der »geografischen Mobilität« versteht man sowohl die alltägliche Mobilität vieler Berufspendler/-innen, die Mobilität im Bereich von Freizeit und Tourismus, die Binnenmobilität innerhalb eines Landes, aber auch internationale Migrationsbewegungen. »Soziale Mobilität« wird zunächst einmal mit dem sozialen Aufstieg in Verbindung gebracht, wie er beispielsweise durch (Weiter-)Bildungsprozesse möglich geworden ist. Die »ideologische Mobilität« lässt sich am Beispiel der wachsenden Zahl der Wechselwähler verdeutlichen, die sich nicht mehr lebenslang an einer Partei orientieren. Aber auch das Phänomen der so genannten »frei vagabundierenden Religiosität« lässt sich unter diesem Stichwort nennen. Schließlich kann man das Phänomen der »Beziehungsmobilität« nicht zuletzt anhand der hohen Scheidungszahlen belegen. *(Vgl. Ernst, 1996, 25f.)*

Die zunehmende **Technologisierung,** insbesondere im Bereich der Informationstechnologien: Sie ermöglichen einen ungeahnten Datenfluss und eine fast nicht mehr zu bewältigende Informationsbreite.

Die **Erfahrung der »Entbettung«:** Die Vielzahl an Lebensoptionen und -wegen führt zum Verlust von inneren und äußeren Bindungen und damit zu Verunsicherungen.

Brüchigwerden einer »Erwerbs-Identität«: »Die vorhandene Erwerbsarbeit wird weniger und damit wird es auch immer mehr zu einer

Illusion, alle Menschen in die Erwerbsarbeit zu integrieren.« *(Keupp, 1999, 13; vgl. Geißler & Orthey, 1998)* Neue Arbeitsformen wie z.B. die Bürgerarbeit (d.h. gemeinnützige Tätigkeiten) werden an Bedeutung gewinnen. Sie müssen dann aber zur materiellen und emotionalen Sicherheit der Individuen beitragen können.

Fragmentierung von Erfahrungen: »Die wachsende Komplexität von Lebensverhältnissen führt zu einer Fülle von Erlebnis- und Erfahrungsbezügen, die sich aber in kein Gesamtbild mehr fügen.« *(Keupp, 1999, 14)*

Entstehung virtueller Welten: Vor allem durch die Computerisierung (z.B. Internet, Computerspiele), aber auch in besonderen Freizeitgemeinschaften entstehen »künstliche Wirklichkeiten« (z.B. Feiern höfischer Feste, »Nachspielen« von Star Trek-Geschichten).

Verändertes Zeitempfinden – Gegenwartsschrumpfung: Damit wird die Erfahrung beschrieben, dass spezifische »Zivilisationselemente« (z.B. Wissen, Moden, Normen) immer schneller veralten und in den Verdacht der Gestrigkeit geraten. Gleichzeitig zieht das Tempo der Neuerungen an. Ständig muss neues Wissen angeeignet und umgesetzt werden.

Pluralisierung von Lebensformen und Milieus: Der/die Einzelne wird zunehmend in die Lage versetzt, ja sogar gezwungen, sich seine/ihre Lebensformen und Milieus selbst zu suchen.

Durch die **Veränderung der Geschlechterrollen** entstehen Verhaltensunsicherheiten. Das Herausbilden der eigenen Geschlechtsidentität wird zum Lebensprojekt.

Individualisierung: Menschen gehen immer mehr – da freigesetzt von Traditionen, Werten, Normen, Rollenvorgaben – ihre eigenen Wege in Richtung Selbstverwirklichung – und sie müssen sie gehen.

Verlust umfassender sinnstiftender (Meta-) Erzählungen: Glaubensbekenntnisse, Ideologien und Wissenschaftssysteme verlieren an Bedeutung und greifen immer weniger als gesellschaftsverbindende Klammer. Sie fallen dem Pluralismus – als neuem Glaubensbekenntnis – zum Opfer.

Vor dem Hintergrund solcher Lebens-Erfahrungen entwickelt sich ein neuer Typus von Identität bzw. wird dieser zur Notwendigkeit. Er wird von der Sozialpsychologie als »Patchwork-Identität« bezeichnet (Patchwork – ursprünglich eine Textilarbeit aus vielen verschiedenen zusammengenähten Flicken). Das heißt, individuelle Handlungs- und Deutungsmuster sind nicht langfristig beständig und somit von anderen wieder erkennbar und erwartbar. Vielmehr muss das Individuum kontinuierlich Handlungs- und Deutungsstrukturen neu begründen und dadurch immer wieder auch einen inneren Zusammenhang herstellen. Darin liegen Chancen und Risiken gleichzeitig.

Anregung für Sie selbst

Überprüfen Sie anhand der nachfolgenden Fragen, inwieweit die vorangegangenen Beobachtungen für Sie oder ihr Umfeld zutreffen:

- *Es gibt in meinem Umfeld immer weniger verbindliche Vorgaben (Normen, Rollen, Regeln), wie man sich zu verhalten und zu leben hat.*
- *Ich fühle mich »entbettet« und verunsichert.*
- *Ich lebe (durch den Tag/das Jahr hindurch) in unterschiedlichsten, manchmal auch widersprüchlichen Lebenswelten (z. B. Wohnen auf dem Land, Arbeiten im Internet, Freizeit im Erlebnisbad).*
- *Ich muss vielgestaltige Erfahrungen innerlich »unter einen Hut« bringen.*
- *Mein Lebenslauf folgt einer losen Ordnung. Es gibt keine »richtige« Reihenfolge mehr, z.B. für Berufsanfang, Heirat, Familiengründung …*
- *Ich bin mein eigenes, persönliches biografisches Planungsbüro.*
- *Die Formen, wie Menschen in meinem Umfeld ihr Leben gestalten, werden immer vielfältiger. Fast jede/r kann frei entscheiden, wie er/sie leben will.*
- *Kulturelle und soziale Vorgaben werden in meinem Umfeld immer unverbindlicher.*
- *Für den einzelnen Menschen bestehen mehr Entscheidungschancen und dadurch auch die Notwendigkeit zu entscheiden.*
- *Die Menschen in meinem Umfeld sind immer weniger bereit, sich in den traditionellen Formen des Ehrenamtes zu engagieren.*
- *Die Menschen um mich herum sind nicht unsolidarischer geworden. Bürgerinitiativen, Selbsthilfegruppen und Gruppen in der Gemeinde finden in meinem Kontext durchaus regen Zulauf.*

- *Ich beobachte nach wie vor eine große »Sehnsucht nach Sinn«. Allerdings wird diese eher nicht in den traditionellen großen Religionen bzw. religiösen Veranstaltungen zu befriedigen versucht.*
- *In der Vielfalt der Erfahrungen und möglichen Deutungen konstruieren sich die Menschen in meinem Umfeld ihr eigenes Sinnsystem.*
- *Mir wird immer unklarer, was »typisch männlich« und was »typisch weiblich« ist.*
- *Männer und Frauen in meinem Bekanntenkreis sind gezwungen, ihr (Rollen-)Verhalten individuell zu gestalten und gegebenenfalls auszudiskutieren.*
- *Das klassische Normalarbeitsverhältnis (5 Tage die Woche, 8 Stunden pro Tag) verliert in meinem Berufsfeld an Bedeutung.*
- *Arbeitslosigkeit, Heimarbeit, Selbständigkeit und neue (Lebens-)Arbeitszeitmodelle führen dazu, dass die Menschen die »Normalarbeitszeit« in meinem Berufsfeld nicht mehr als selbstverständlich voraussetzen können.*
- *Durch den immer schneller werdenden Wandel und Fortschritt wird es für mich zunehmend schwieriger, in der Gegenwart zu leben, sie zu genießen und in ihr zu ruhen.*
- *Bestehendes veraltet und Neues kommt immer schneller auf mich zu.*
- *Viele Menschen in meinem Umfeld verbringen einen großen Teil ihres Lebens in »nicht wirklichen« (virtuellen) Welten (z.B. Internet, Cyberspace, aber auch in unterschiedlichen Weltanschauungs- und Freizeitgruppen). Sie verlieren dadurch den Bezug zur Realität.*

Die Konsequenzen für Bildung und Politik

Die hier beschriebenen Beobachtungen und Deutungen sind bislang in der Erziehungswissenschaft und in der Erwachsenenbildung in nur ungenügenden Maßen aufgenommen und bearbeitet worden. Es gibt aber eine Reihe von – zum Teil seit der griechischen Antike vorfindbaren – Konzepten bzw. Bildungszielen, die konkrete Kompetenzen in Zeiten des Umbruchs und der Verunsicherung zu formulieren suchen, so z.B.

- das Konzept der Selbstsorge *(Michel Foucault)*
- das Konzept der »Lebenstüchtigkeit« *(vgl. Brezinka, 1986)*
- das Konzept der »Lebensführung« *(vgl. Keupp, 1998, 1999)*
- das Konzept der »Lebenskunst«: Das Thema »Lebenskunst« findet im ausgehenden 20. Jahrhundert wissenschaftliches Interesse, publizistische Verbreitung und öffentliche Resonanz *(vgl. Baer u. a., Hrsg., 1997; Nuber, Red., 1999; Schmid, 1999; Dörig, 1998).*

Um eine postmoderne Identität herausbilden zu können, bedarf es einer Reihe von gesellschaftlich-politischen Rahmenbedingungen und individuellen Kompetenzen (Fertigkeiten). Diese zu fördern obliegt zunächst der Pädagogik, im vorliegenden Fall der Erwachsenenpädagogik – der Persönlichkeitsbildung und der beruflichen Weiterbildung –, aber auch die Politik muss dabei »mitspielen«.

Zum Jahrtausendwechsel machten sich viele Pädagogen und Psychologen auf die Suche nach den Kompetenzen für die »Zeit danach« *(z.B Ernst, 1999; Hentig, 1999; Keupp, 1999; Negt, 1999; Zucker, 1999).* Wir halten in Anlehnung und Erweiterung daran folgende Kompetenzen für lebens-not-wendend:

1. **Deutungskompetenz:** Das Leben in der (Post-)Moderne ist durch unklare Situationen und vielgestaltige Deutungen dieser Situationen bestimmt. Vom Einzelnen wird verlangt, akzeptieren zu lernen, dass »etwas so und gleichzeitig auch ganz anders sein kann«. Der Mensch muss dies aushalten lernen, ja den produktiven Umgang mit solchen Uneindeutigkeiten versuchen (▷ *in diesem Buch Kap. 1 »Es ist so und auch ganz anders«*).
2. **Entscheidungsfähigkeit:** Da der/die Einzelne vor wachsenden Entscheidungszwängen und -chancen steht, kommen der Entscheidungsfähigkeit und dem Willen zur Entscheidung wichtige Bedeutung zu (▷ *in diesem Buch Kap. 2 »Ich weiß, was ich will«*).
3. **Aushandlungs- und Konfliktfähigkeit:** Durch das Abbröckeln von Werten, Normen, Rollenvorgaben werden Selbstverständlichkeiten im Zusammenleben von Menschen fragwürdig. Regeln des sozialen Zusammenlebens und Lebens-Entscheidungen müssen immer wieder hinterfragt und zwischen Sozialpartnern neu verhandelt und vereinbart werden – egal auf welchen Ebenen: in der Partnerschaft/Ehe oder

Familie, Pfarrgemeinde oder Nachbarschaftsgremium, am Arbeitsplatz oder im Verein. Da solche Verhandlungen nicht immer reibungslos ablaufen, gehört auch die Konfliktfähigkeit in den Kanon postmoderner Kompetenzen (▷ *in diesem Buch Kap. 3 »Streiten will gelernt sein«).*

4. **Biografische Kompetenz:** Eine weitere Herausforderung bilden die wachsenden biografischen Spiel- und Verhandlungsräume, die sich den Individuen bieten. Möglichkeitsräume zu erkennen (Möglichkeitssinn) und intelligent zu nutzen, dabei das Machbare aber nicht aus den Augen zu verlieren (Realitätssinn) und trotzdem den Mut zur Utopie und Vision nicht zu verlieren – das sind pädagogische Herausforderungen der (Post-) Moderne (▷ *im 2. Band Kap. 1 »Zurück in die Zukunft«).*
5. **Beziehungs- und Kontaktfähigkeit:** In der postmodernen Gesellschaft wird jeder und jede seines/ihres eigenen Netzwerkes Schmied: Die sozialen Kontakte sind nicht mehr durch Geburt, Wohnmilieu usw. vorgegeben, sondern gesellschaftlich wie biografisch in wachsendem Maße frei wählbar. Dies setzt die Fähigkeit voraus, Kontakte gezielt aufnehmen, pflegen und gegebenenfalls auch beenden zu können (▷ *im 2. Band Kap. 2 »Beziehungsreich leben«).*
6. **Ermutigung zum Leben:** Ein wesentlicher Faktor für die Realisierung der voraus genannten Kompetenzen ist ein grundlegendes Vertrauen ins Leben und der Mut, Risiken einzugehen – statt demoralisiert und resigniert zu sein. Immer wieder neuen Mut zu schöpfen für die anstehenden Lebensaufgaben und Herausforderungen, wird zu einem wesentlichen Bestandteil des Lebens-Managements (▷ *im 2. Band Kap. 3 »Quellen der Ermutigung«).*
7. Die Lösung von Lebens- und Berufsaufgaben bedarf großer Kreativität. Die Wiederentdeckung des Spielerischen, die Lust am Ausprobieren und Anfangen und die persönliche **Fehlerfreundlichkeit** müssen einen Platz im Leben des/der Einzelnen finden (▷ *im 3. Band Kap. 1 »Lustvoll in den Sand gesetzt«).*
8. Wir leben in Systemen: Familien-, Nachbarschafts-, Berufs-, Gesellschaftssystemen. Wer in Systemen lebt und etwas verändern will, wird mittelfristig erfolgreich sein, wenn er/sie dies mit dem System statt gegen das System tut (Jiu-Jitsu-Prinzip: »gegnerische« Kräfte nutzen statt ihnen entgegenzuhandeln). **Systemisch zu denken** wird damit zur Schlüsselkompetenz (▷ *im 3. Band Kap. 2 »Systemisch denken und handeln«).*

9. Schließlich werden wir von einer Informationsflut überrollt. Die neuen Technologien machen's möglich. Um ihr nicht hilflos ausgeliefert zu sein, um Informationen zu angeeignetem Wissen zu machen und in den Alltag zu übersetzen, braucht es die **Transferkompetenz** (▷ *im 3. Band Kap. 3 »Am Ende die Gelegenheit zum Anfang nutzen«*).

Somit ergibt sich folgendes Kompetenz-Puzzle:

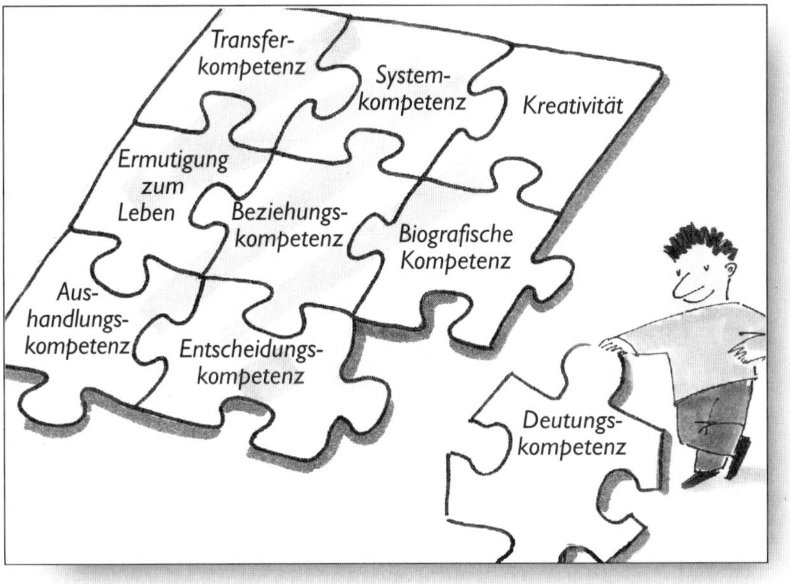

Abschließend sei noch herausgestellt: In der (Post-) Moderne überleben zu können ist nicht nur eine Herausforderung für das Individuum. Auch Staat und Gesellschaft müssen dementsprechende Bedingungen schaffen. Eine ausreichende finanzielle und materielle Versorgung (z.B. Altersvorsorge und Rente, Sozialhilfe oder Bürgergeld) und der Schutz der natürlichen Umwelt sind Voraussetzungen und Rahmenbedingungen für ein selbstbestimmtes und selbstverantwortetes Leben. »Die Fähigkeit zu und die Erprobung von Projekten der Selbstorganisation sind ohne ausreichende materielle [und ökologische] Absicherung nicht möglich.« *(Keupp, 1994, 344; Ergänzung durch H. Kl.)*

I. Es ist so und auch ganz anders – Sich und andere verstehen

1.1 Vielfalt statt Einfalt

»Ich versteh die Welt nicht mehr.« Der eine oder die andere von uns hat sicherlich schon einmal im Leben diesen Stoßseufzer von sich gegeben. Dahinter konnte die Erfahrung der Orientierungs- und Ratlosigkeit stecken, des Verlustes von festen Punkten und Maßstäben, mittels derer man sich wieder ausrichten konnte. Fragt man oder frau in einer solchen Situation der Unsicherheit und Verunsicherung andere, so werden vielfach widersprüchliche und der eigenen Sicht und Position widersprechende Deutungsangebote gemacht.

Beispiel

Barbara, 36 Jahre alt, alleinstehend, Pädagogin, zuletzt in der Personalentwicklung tätig, war zwei Jahre arbeitslos. Aufgrund einer großen Abfindung ihrer vorherigen Firma konnte sie es für die letzten zwei Jahre langsam angehen. Jetzt möchte sie wieder beruflich aktiv werden. Sie weiß noch nicht genau, wie es weitergehen soll. Soll sie in ihrem ehemaligen Tätigkeitsfeld arbeiten oder erst eine Zusatzausbildung machen und sich neue Arbeitsbereiche erschließen? Manche Freunde raten ihr zum baldigen beruflichen Wiedereinstieg (»Nur nicht den Anschluss verpassen!«), andere empfehlen ihr die Weiterqualifizierung (»Entwickle dich weiter!«). Aber welche Zusatzausbildung soll sie dann machen? Transaktionsanalyse? Themenzentrierte Interaktion? Organisationsentwicklung? Coaching? Auch hier gilt: Wenn sie zehn Bekannte fragt, hat sie – mindestens – zehn verschiedene Tipps. Und wenn Sie sich auf eine Richtung festgelegt hat, welches Ausbildungsinstitut mit welchem Lernangebot soll es dann sein? Und überhaupt: Möchte sie nicht eigentlich noch eine Familie gründen, Kinder bekommen? Ist es dafür schon zu spät? Wie soll es weitergehen? Die Gespräche mit Freunden, Bekannten und so manchem professionellen Berater bringen immer mehr Optionen und immer mehr Unklarheiten.

»Die helfen mir auch nicht weiter.« – Das mag einem in solchen Situationen durch den Kopf gehen. Wenn so die Anhaltspunkte im Leben oder in spezifischen Lebenssituationen verloren gehen, dann ist man vielfach auch unfähig zum Handeln. Die Unsicherheit lähmt, Entscheidungen können schwer oder kaum noch getroffen werden (▷ *Kap. 2 in diesem Band*).

Was oft alltäglich im Kleinen erlebt wird, die unterschiedliche Betrachtung sozialer Phänomene, das Brüchigwerden oder Verschwinden von Einschätzungs- und Bewertungsmaßstäben, das lässt sich auch vielfach im Raum gesellschaftlicher und politischer Diskussionen beobachten: Darf, soll oder muss man bei Menschenrechtsverletzungen in benachbarten Staaten militärisch intervenieren? Wie soll man umgehen mit einer demokratisch gewählten Regierung, an der Personen aus dem recht(sradikal)en politischen Spektrum beteiligt sind? Der Pluralismus lässt verschiedenste Deutungen und Bewertungen zu.

In diesem Kapitel bieten wir Ihnen – nach einer grundsätzlichen Einführung – Möglichkeiten alltäglicher Deutungsarbeit an, die Sie dabei unterstützen, in solchen kniffligen Situationen selber wieder Anhaltspunkte zu finden, an denen Sie Ihr Entscheiden und Handeln ausrichten können:

- Wahr-nehmung und Wahr-heit
- Mich selbst verstehen
- Situationen verstehen
- Andere verstehen – sich verständlich machen

1.2 Wahr-nehmung und Wahr-heit

»Es war so!« – »Nein, es war so!« – »Das stimmt doch gar nicht!« – »Das ist nicht wahr!« Sicherlich kennen Sie auch manchen Konflikt, der in einer solchen oder ähnlichen Satzabfolge gipfelt.

Wir behaupten gleich zu Anfang: Ein solcher Streit um die Wahrheit ist müßig (zumindest im Alltag – Wissenschaftler und Religionsvertreter werden das zum Teil anders sehen). Im Nachhinein ist es zumeist nicht mehr rekonstruierbar, wie es wirklich war. Jeder und jede hat sein bzw. ihr individuelles Bild von der Sache mitgenommen. Lediglich ein Video-Mitschnitt könnte noch Objektivität gewährleisten, könnte das Ereignis erhellen, aber schon nicht mehr das Erleben der Beteiligten.

Der **Konstruktivismus** (ein ursprünglich in der Philosophie entwickelter Ansatz zur Deutung von Welt und Wirklichkeit) unterscheidet zwischen zwei Wirklichkeiten, über die in unterschiedlichem Ausmaß zuverlässige Aussagen getroffen werden können:

Die **Wirklichkeit erster Ordnung** »bezieht sich auf die rein physischen und daher weitgehend objektiv feststellbaren Eigenschaften von Dingen und damit entweder auf Fragen des so genannten gesunden Menschenverstands oder des objektiven wissenschaftlichen Vorgehens« *(Watzlawick, 1992, 142).*

Die **Wirklichkeit zweiter Ordnung** »besteht« aus den Deutungen und Bewertungen, die wir objektiven Tatsachen zumessen. Je nach kulturellen, sozialen oder zwischenmenschlichen Übereinkünften können diese ganz unterschiedlich ausfallen. So können Küsschen auf die Wange Äußerungen freundschaftlicher Zugewandtheit ebenso sein wie Rituale der »Bussi-Bussi-Gesellschaft« oder Hilfsmittel zum Verrat (vgl. Judas' Verräterkuss im Neuen Testament der Bibel). »Im Bereich dieser Wirklichkeit zweiter Ordnung ist es also absurd, darüber zu streiten, was ‚wirklich' wirklich ist.« *(Watzlawick, 1992, 143)*

In diesem Kapitel tragen wir einige Erkenntnisse der Wahrnehmungs- und Gedächtnispsychologie, der Lernforschung und der Erkenntnisphilosophie zusammen und versuchen sie mit Übungen und Experimenten nachvollziehbar zu machen.

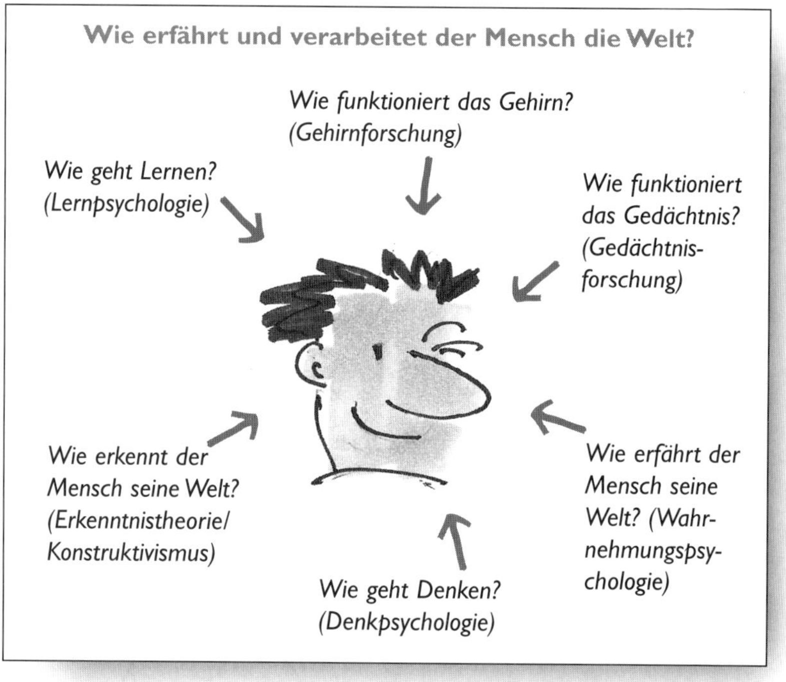

Am Ende wird das Ergebnis stehen: Die Wahrheit ist für uns nur sehr eingeschränkt zugänglich. Mit den Worten des österreichisch-amerikanischen Psychotherapeuten *Paul Watzlawick* gilt, »dass das wacklige Gerüst unserer Alltagsauffassungen der Wirklichkeit im eigentlichen Sinne wahnhaft ist und dass wir fortwährend mit seinem Flicken und Abstützen beschäftigt sind – selbst auf die erhebliche Gefahr hin, Tatsachen verdrehen zu müssen, damit sie unserer Wirklichkeitsauffassung nicht widersprechen«. Weiterhin behauptet er, »dass der Glaube, es gäbe nur eine Wirklichkeit, die gefährlichste … Selbsttäuschung ist; dass es vielmehr zahllose Wirklichkeitsauffassungen gibt, die sehr widersprüchlich sein können, die alle das Ergebnis von Kommunikation und nicht der Widerschein ewiger, objektiver Wahrheiten sind« *(Watzlawick, 1992, 7)*.

Für den Alltag gilt somit: »Es ist so und auch ganz anders.«

Anregung für Sie selbst

Nachfolgend präsentieren wir Ihnen eine Reihe von Grafiken. Was können Sie darauf erkennen? Schauen Sie genau hin! Schauen Sie schlampig hin! Manchmal lässt sich zweierlei und mehr sehen! (Grafiken entnommen aus Block & Yuker, 1984)

Was ist das?

1.

2.

3.

4.

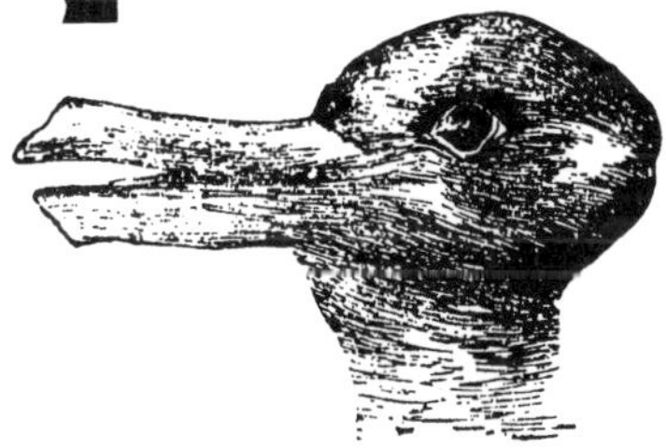

5.

1. Eine alte Frau? – Eine junge Frau?
2. Ein Indianerkopf? Ein Eskimo?
3. Was ist das?
4. Eine Vase? Zwei Gesichter?
5. Eine Ente? Ein Kaninchen?

Allein mit diesen Wahrnehmungs-Übungen bemerken wir schon, wie vieldeutig bzw. unzuverlässig unsere Wahrnehmung ist. Sie wählt aus verschiedenen Optionen aus. 10^9 Bits (das sind Informationseinheiten) nehmen wir über die Sinnesorgane pro Sekunde auf. Diese Informationsflut wird von unserem Gehirn auf 10^2 Bits pro Sekunde reduziert (durch unsere Aufmerksamkeit), um sie bearbeiten zu können. Äußern wir uns – verbal und/oder nonverbal – über das Erlebte, so werden diese Informationen wieder auf eine Menge von 10^7 Informationseinheiten pro Sekunde aufgestockt. Dabei greifen wir auf andere Gedächtnisinhalte und Assoziationen zurück *(vgl. Vester, 1999, 22ff.)*. Somit wird klar, dass das, was wir aufnehmen und weitergeben, Brechungen unterworfen ist.

Kommunikation, Verstehen und Verständnis wird oft auch dadurch erschwert, dass wir zwar meinen, mit ein und demselben Wort das Gleiche zu bezeichnen. Doch der Alltag und die nachfolgende Übung zeigen, dass dies eher die Ausnahme ist:

Anregung für die Gruppe

Teilen Sie die Gruppe in mehrere Kleingruppen auf! Diese Kleingruppen überlegen sich nun für einen Gegenstand des Alltags (z.B. Kochlöffel, Klopapierrolle, Federball u.Ä.), was sie mit diesem jenseits des eigentlichen Verwendungszweckes anfangen können: z.B. Kochlöffel als Rückenkratzer, Fliegenklatsche etc.

Die Kleingruppe mit den meisten Ideen erhält einen Preis.

Meistens besitzen wir sehr klare und feststehende Vorstellungen davon, was man mit einem Ding anfangen kann *(vgl. Klingenberger, 1998, 4f.)*. Der Gegenstand an sich gehört zur Wirklichkeit erster Ordnung; er lässt sich objektiv beschreiben. Wie und wozu er (nicht) eingesetzt wird, entspricht aber der sozialen Übereinkunft. Relativ eindeutig ist die Übereinstimmung noch bei konkreten Gegenständen wie einem Hammer oder einem Stuhl. Die Vorstellungen differieren aber immer mehr mit der Abstraktheit eines Begriffes. So besitzen verschiedene Menschen sicherlich unterschiedliche Vorstellungen von »Liebe«, »Treue« oder »Gesundheit«. Hier spielen dann biografische Erfahrungen oder Werturteile mit. So gilt, was in der Eheberatung als Leitsatz zu finden ist: »Ich bin nicht du, und weiß dich nicht.« *(Moeller, 1988, 153)*

Die Erfassung der Wahrheit wird weiterhin dadurch erschwert, dass das, was uns begegnet, nicht unbearbeitet in uns abgespeichert wird.

Anregung für Sie selbst

Stellen Sie sich vor: Sie bekommen ein Kompliment. Wie reagieren Sie darauf? (Vgl. Arnold & Schüssler, 1996; Klingenberger, 1998, 6f.)
In der nachfolgenden Grafik machen wir Ihnen ein Kompliment. Nutzen Sie den Raum und schreiben Sie mögliche Entgegnungen oder Antworten auf! Wir haben Ihnen schon ein paar Möglichkeiten aufgezeigt.

Wie gehen Sie mit Komplimenten um?

Sicher haben Sie noch weitere Antworten auf unser Kompliment gefunden. Diese Antworten können ganz unterschiedlich ausfallen, denn sie sind u.a. abhängig von Ihrem Selbstbild, Ihrer Stimmung beim Lesen dieses Textes und Ihren biografischen Erfahrungen.

Das heißt, wir nehmen Informationen – in diesem Fall war es ein Kompliment – nie einfach ungefiltert in uns auf. Wir überarbeiten sie, passen sie ein in unsere Bilder von der Welt und von uns selbst. Jede/r von uns baut sich so seine/ihre eigene Wirklichkeit auf, lebt in seiner/ihrer eigenen Welt. Wahrheit ist so kaum noch erfassbar.

Der Konstruktivismus hat die bisher aufgeführten Sachverhalte zu einem Theoriegebäude zusammengefasst. Dessen Grundaussagen lauten *(vgl. Arnold & Siebert, 1995):*

- Der Mensch kann die Realität an sich nicht erkennen; er verfügt nur über mehr oder weniger zutreffende Bilder (= Konstruktionen) von ihr.
- In sozialen Prozessen wird zwischen Menschen (und Menschengruppen) der richtige bzw. gemeinsame Gebrauch solcher begrifflicher Konstruktionen abgesprochen.
- In Gesprächen, Begegnungen und Konflikten treffen solche Bilder/Konstruktionen aufeinander, wobei die Konstruktionen anderer nicht einfach übernommen werden.
- Es gibt zwei unterschiedliche Arten, sich neue Informationen anzueignen: Entweder sie werden in den bestehenden Erfahrungs- und Wissensbestand eingearbeitet. Dabei werden sie überarbeitet. Oder die neuen Informationen werden abgewertet, sodass sie abgewiesen werden können.

Aus diesen Grundannahmen heraus können Schlussfolgerungen gezogen werden: So müssen Individuen, Gruppen und Institutionen davon ausgehen, dass ihre Weltsicht nicht die absolut wahre, sondern lediglich eine mögliche ist (»epistemologische Bescheidenheit«). Ein Blickwechsel weg von den Inhalten hin zu den Umständen (Biografie, soziale Kontexte usw.), unter denen sie entstanden sind, ist notwendig. Schließlich benötigen die Menschen eine so genannte Pluralitätskompetenz, d.h. sie müssen es aushalten können, dass mehrere Wirklichkeiten und Einsichten gleichzeitig nebeneinander stehen können – also weg von »entweder – oder« hin zum »sowohl – als auch«.

Eine weitere Übung wird uns zeigen, wie notwendig für das Verstehen von neuen Informationen ein Rahmen ist, in den wir die Neuigkeiten einordnen können. Oder wissen Sie, worum es im folgenden Text geht?

Anregung für Sie selbst

Lesen Sie den nachfolgenden Text!

»Wenn die Ballons platzen würden, wäre der Ton zu leise; das richtige Stockwerk wäre dann nämlich zu weit entfernt. Auch durch ein verschlossenes Fenster könnte der Schall nicht dringen, denn die meisten Gebäude sind ja recht gut isoliert. Da der gesamte Vorgang von der Erhaltung einer elektrischen Spannung abhängt, würde ein Bruch in der Mitte des Drahtes Schwierigkeiten bereiten. Natürlich könnte es der junge Mann auch mit seiner Stimme versuchen, aber die menschliche Stimme ist ja viel zu schwach für solche Entfernungen. Weiterhin könnte eine Saite am Instrument reißen, dann gäbe es keine Begleitung.

Es ist klar: Bei der Verkürzung der Entfernung wäre das Risiko für ein Misslingen geringer. Am wenigsten könnte schief gehen, wenn die Beteiligten näher beieinander wären.« (Schönpflug & Schönpflug, 1983, 210f.)

Alles klar!? Nehmen Sie sich Zeit den Text öfters zu lesen. Worum geht es hier? Versuchen Sie sich bildhaft vorzustellen, was dieser Text beschreibt.

Wir vermuten einmal: Sie verstehen nichts, erahnen vielleicht das eine oder andere; im Großen und Ganzen aber bleibt Ihnen wohl der Gesamtzusammenhang verborgen. Einfacher wird das Verstehen, wenn wir den Text in ei-

nen Zusammenhang einbetten können. Wenn Sie sich die Zeichnung unten anschauen und den Text noch einmal lesen, wird Ihnen eventuell »ein Licht aufgehen«. Der Kontext macht's und die Grafik stellt ihn uns zur Verfügung.

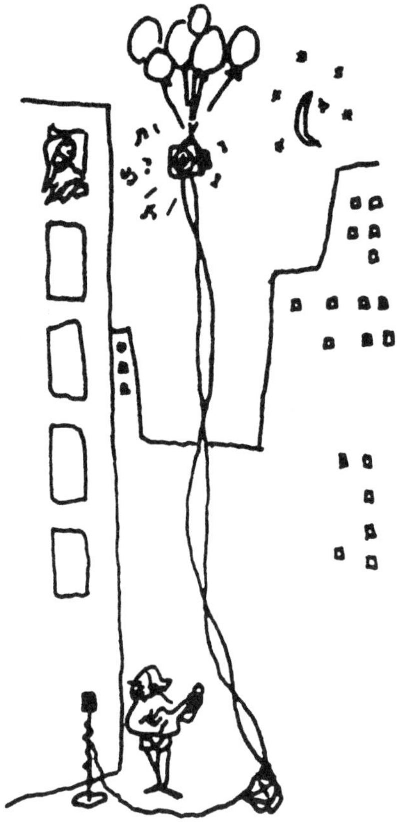

W.u.U. Schönpflug, Psychologie.
Allgemeine Psychologie und ihre Verzweigungen, Urban & Fischer Verlag, 1983.

Schließlich weisen wir noch auf einen Sachverhalt aus der Gedächtnispsychologie hin: Vielleicht kennen Sie auch die Szene aus dem Musical Gigi (»I remember it well«), in der sich ein altgewordenes Paar an sein Kennenlernen vor vielen, vielen Jahren erinnert.

Unterschiedlicher können Erinnerungen wohl nicht sein. Man kann sich nur schwer vorstellen, dass die beiden dieselbe Geschichte erzählen. Ein Glück, dass die Beziehung der beiden so tragfähig ist, dass sie immer wieder den Refrain »Oh ja, ich erinnere mich gut« gemeinsam singen können.

So ist das nun einmal: Auch wenn zwei Menschen ein und dieselbe Sache erlebt haben, können ihre Wahrnehmungen und Erinnerungen weit auseinander klaffen. Dieses Phänomen kennt man nicht zuletzt von Zeugenaussagen vor Gericht.

Oder stellen Sie sich vor: Ein Mann fängt einen Fisch. Dieser ist objektiv (messbar) 80 Zentimeter lang und vier Pfund schwer (Ereignis). Weil es aber der erste Fisch ist, den dieser Mann fängt, und weil der Kampf zwischen Fisch und Angler besonders heftig war, hat der Mann seinen Fang ganz anders wahrgenommen: Für ihn war der Fisch 100 Zentimeter lang und sechs Pfund schwer (Erlebnis). Nun wird dieses Erlebnis ins Gedächtnis, in bereits vorhandene Erfahrungen oder das vorhandene Selbst eingebaut (Einspeichern): Nehmen wir einmal an, unser Mann hat ein eher negatives Selbstbild, er hält sich für einen Verlierertyp, der keine Erfolge vorzuweisen hat. Da wir Menschen oft dazu neigen, Erfahrungen, die unserem Selbstbild widersprechen, auszublenden, wird der Fisch jetzt wieder kleiner: 60 Zentimeter lang und drei Pfund schwer. Nach Jahren kommt dem Mann sein erster Fisch wieder in den Sinn; seitdem hat er nur kleine Fische gefangen. Umso größer kommt ihm nun sein Erstling vor: 120 Zentimeter lang und acht Pfund schwer (Erinnerung). Und schließlich ist der Mann einer Umweltschutzgruppe beigetreten und dort aktiv tätig. Er hält es dort für angebrachter, sich nicht allzu sehr der Größe des Fisches zu brüsten. Er erzählt: »Früher einmal habe ich geangelt. Mein erster Fisch war nur 30 Zentimeter lang und 1 Pfund schwer« (Erzählen).

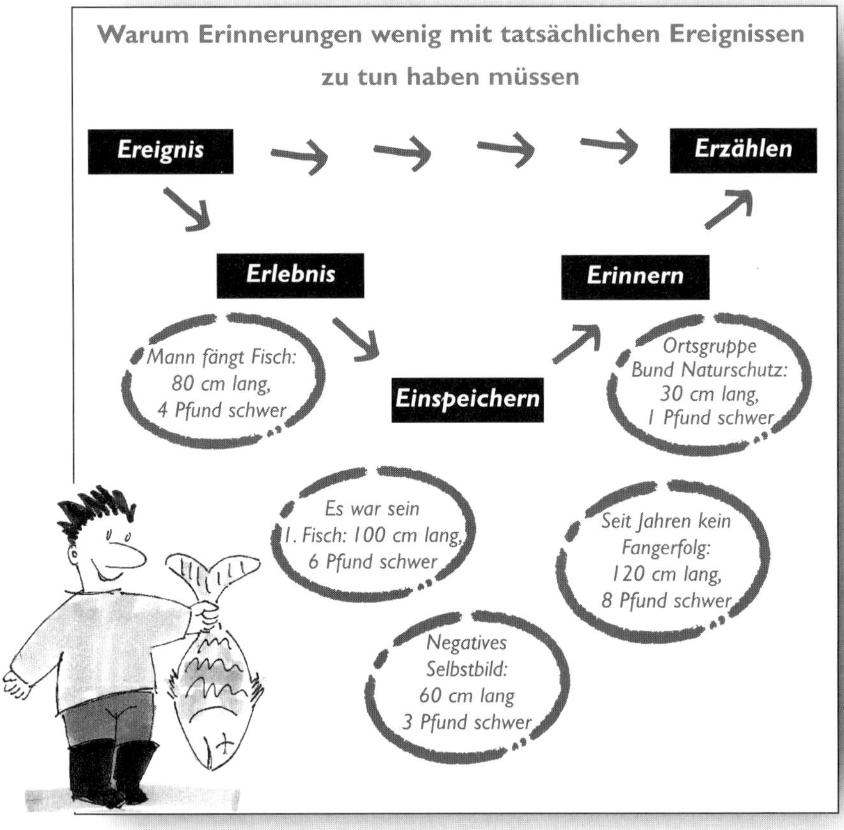

Diese – zugegebenermaßen etwas vereinfachte – Darstellung zeigt: Im Gedächtnis werden keine objektiven Fakten abgelegt. Vielmehr ist das Gedächtnis ein »Ort« voller Bewegung, Deutung und Umdeutung. Fassen wir also zusammen: Was macht es für uns so schwierig, wenn nicht gar unmöglich, die Wahrheit zu erkennen? Warum lebt jede/r von uns in seiner/ihrer Wirklichkeit? *(Vgl. zum Folgenden u.a. Siebert, 1997.)*

Unsere **Wahrnehmungsmöglichkeiten** sind eingeschränkt. Drei »S« beschreiben diese Grenzen unseres Wahrnehmens: selektiv – situativ – subjektiv. Das heißt, wir nehmen nicht alles in uns auf, was uns begegnet, sondern wir sieben aus *(selektiv)*; unsere Wahrnehmung ist von unserer aktuellen Verfassung abhängig *(situativ)*; biografische Vorerfahrungen prägen unsere Weltsicht *(subjektiv)*.

Die **Gefühle** beeinflussen unser Wahrnehmen, Denken und Handeln. Darauf hat uns in jüngster Zeit die Literatur zur »Emotionalen Intelligenz« hingewiesen *(vgl. Goleman, 1996; Ledoux, 1998; Steiner, 1997)*. Insbesondere sechs Wirkungen von Gefühlen und Emotionen auch und gerade auf das Wahrnehmen, Denken und Erkennen werden dort beschrieben: 1. So können Gefühle Antreiber (Motoren/Motivatoren) für das Denken und Lernen sein. 2. Gefühle bestimmen den »Fokus der Aufmerksamkeit«. 3. Sie stellen die Weichen zu unterschiedlichen Gedächtnisspeichern, 4. sie strukturieren und integrieren neue Erfahrungen und 5. sie legen Prioritäten im Denken und Lernen fest. Weiterhin gilt 6.: »Gefühle filtern die Informationen und konzentrieren das Denken auf momentan Wesentliches. Ist der affektive Filter zu eng, wird viel Realität ausgeblendet. Ist der Filter zu weit, gehen Konzentration und Orientierung verloren.« *(Siebert, 1999, 29ff.)*

Bedürfnisse und Interessen: Grundlegende Bedürfnisse wie Hunger oder Durst oder persönliche Interessen beeinflussen unsere Wahrnehmung. Stellen Sie sich vor: Sie gehen an einem Strand entlang! Als biologisch interessierter Mensch werden Sie vor allem Vögel und Meeresgetier wahrnehmen. Als unfreiwilliger Single fällt Ihr Blick hauptsächlich auf die wohlgebauten Männer bzw. Frauen am Strand. Und als durstiger Urlauber nehmen Sie Vögel und Menschen kaum wahr, vielmehr blicken Sie gebannt auf das kleine Strand-Pub.

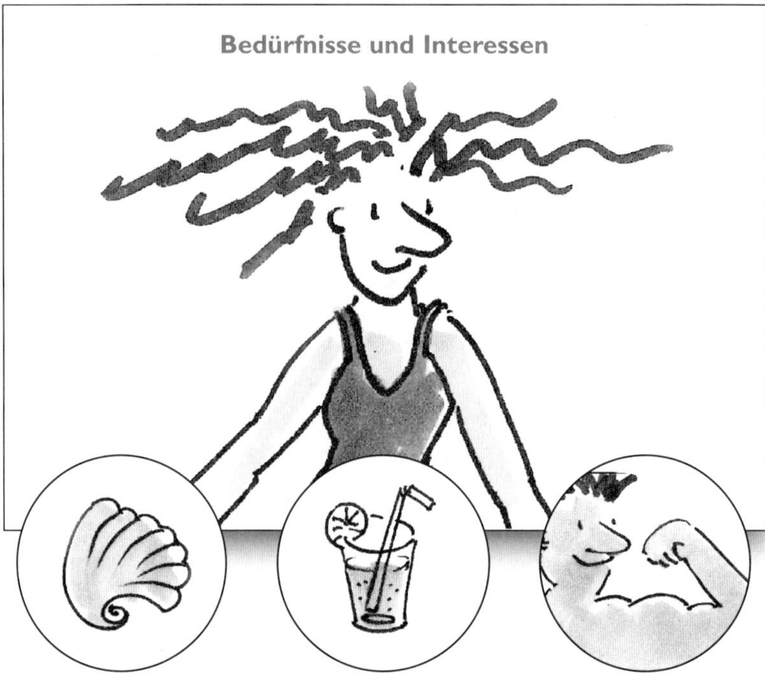

Auch einmal getroffene **Entscheidungen** beeinflussen unsere Wahrnehmung: »Wir sind nur so lange offen für alle verfügbaren Informationen, solange wir noch keine Entscheidung getroffen haben. Doch sobald wir uns – und sei es nur vorläufig – auf eine Alternative festlegen, wollen wir uns nicht mehr unvoreingenommen informieren.« *(psychologie heute 8/2000, 8f.)*

Darüber hinaus schafft die **Sprache,** die jede/r spricht, ihre je eigene Welt. Als Beispiel für die Wechselwirkung von Wirklichkeitswahrnehmung und Sprache werden immer wieder die Eskimos und die Grönländer zitiert: Sie sollen hinsichtlich der Wahrnehmung und Benennung von Schnee- und Eiszuständen eine höhere Differenzierung haben als beispielsweise Südeuropäer: »Aus dem dunklen Meer zieht die Kälte jetzt einen Rosengarten, einen aus

Salzen und gefrorenen Wassertropfen gebildeten weißen Teppich aus Eisblumen. … Danach bildet sich das *frazil,* der Eisbrei, das Pfannkucheneis, dessen Platten zu Schollen gefrieren. … Am weitesten weg ist *hiku,* das Festeis, der Kontinent aus gefrorenem Meer. … Überall *hikuaq* und *puktaaq,* Eisschollen … Die Oberflächen der Schollen ist eine verwüstete Landschaft aus *ivuniq,* aus von der Strömung und dem Zusammenstoß der Platten nach oben gepressten Eisstaus, aus *maniilaq,* Eisbuckeln, und aus *apuhiniq,* dem Schnee, den der Wind zu harten Barrikaden komprimiert hat.« *(Hoeg, 1994, 426)*

Dadurch lebt jede/r von uns in seiner/ihrer **eigenen Lebenswelt.** Damit ist nicht die äußere Umwelt gemeint, sondern die innere Welt der persönlichen Erfahrungen, Deutungen, Erwartungen usw. (Mehr zum Lebenswelt-Ansatz finden Sie im Abschnitt *Andere verstehen und sich verständlich machen, Seite 50)* Jede/r von uns hat seine/ihre »inneren Landkarten«, die uns die Welt verstehen helfen und beim Handeln leiten *(vgl. Swaaij & Klare, 2000).* Neue Wissens-Gebiete werden in diese bestehende Landkarte eingebaut.

Warum die Wahrheit für uns nicht erkennbar ist

1.3 Sich selbst verstehen

▶ Anregung für die Gruppe

Die Teilnehmer/-innen werden aufgefordert, Paare zu bilden. Während die eine Person auf einem Stuhl sitzt, versucht die andere sie dazu zu bewegen, den Sitzplatz zu verlassen, z.B. um an ein Fenster zu gehen. Dazu sind alle verbalen und non-verbalen Mittel – außer Gewalt natürlich – erlaubt. Nach ungefähr fünf Minuten werden die Rollen getauscht.

Es folgt ein Auswertungsgespräch zu den Fragen:

- *Welche Strategien und Mittel wurden angewendet? (z.B. Befehlen, Überreden, Betteln u.a.)*
- *Welche Strategien und Mittel waren erfolgreich? Auf welche hat mein/e Partner/-in nicht reagiert?*
- *Welche Strategien und Mittel haben es mir schwer gemacht zu widerstehen, welche haben Widerstandsgeist geweckt?*
  (Vgl. Rüttinger & Kruppa, 2000, 64)

Die Transaktionsanalyse

In der gerade vorgestellten Übung kommen unterschiedliche innere Einstellungen und Verhaltensweisen zur Geltung. Die *Transaktionsanalyse* bietet als Modell die Unterscheidung von unterschiedlichen inneren Ich-Zuständen an: »Ich-Zustände sind Einheiten des Erlebens und beinhalten Denken, Fühlen und Verhalten, die eine geschlossene Gestalt bilden. Das Erleben wird in diesen Einheiten organisiert. Diese Einheiten werden im Gedächtnis gespeichert und sind dadurch wichtige Faktoren in der Entwicklung der persönlichen Identität.« *(Hennig & Pelz, 1997, 27ff.)* Im Groben lassen sich drei Ich-Zustände unterscheiden. Der Austausch von Ich-Mitteilungen zwischen zwei oder mehreren Personen wird als Transaktion bezeichnet.

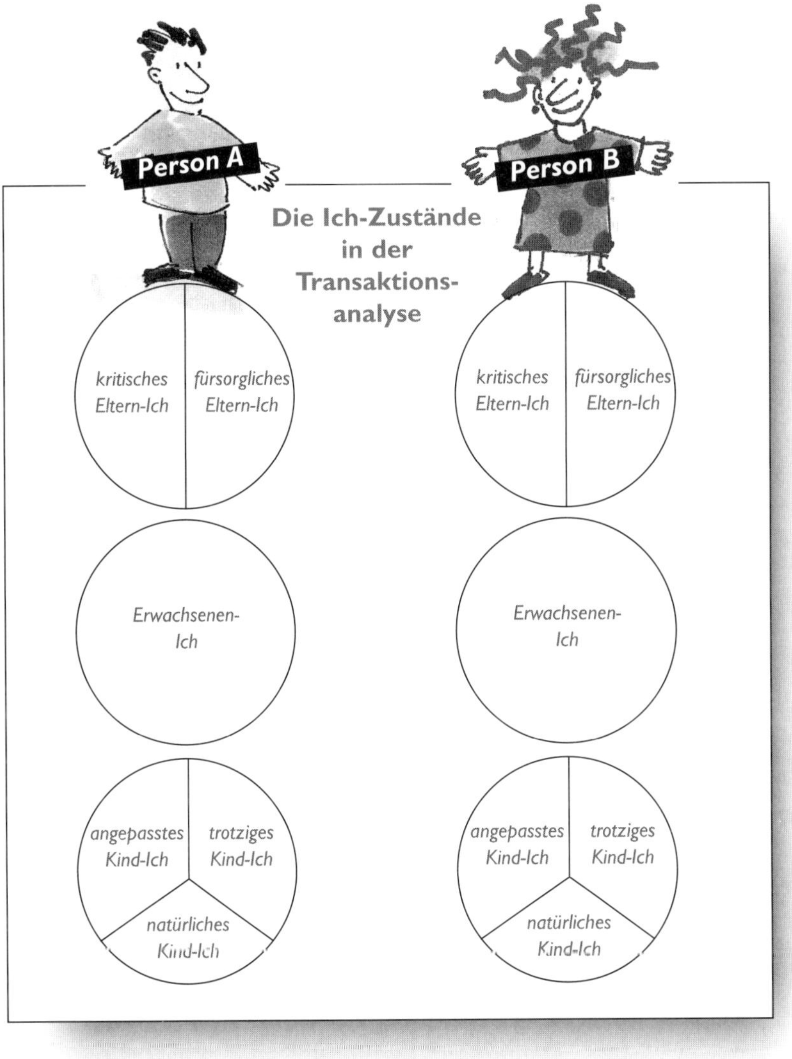

Das **Eltern-Ich** hat Gefühle, Haltungen und Verhaltensweisen der eigenen Eltern oder Eltern-Vertreter bzw. der Gesellschaft übernommen; es handelt sich hierbei um die Eltern-Stimmen in mir, die mal fürsorglich, mal kritisch sein können. So differenziert die Transaktionsanalyse auch zwischen dem fürsorglichen und dem kritischen Eltern-Ich. Mögliche Kennzeichen des Eltern-Ichs: »Das tut man nicht!« (kritisch), »Das mach ich schon für dich.« (fürsorglich), erhobener Zeigefinger, Stirnrunzeln (kritisch), übers Haar streicheln, Tätscheln (fürsorglich).

Das »Gegenstück« ist das **Kind-Ich,** sozusagen das Kind im Manne oder in der Frau: Das Kind-Ich resultiert aus den in der Kindheit erlebten und erworbenen Gefühlen, Haltungen und Verhaltensweisen. Es manifestiert sich z.B. in den Reaktionen auf Äußerungen des Eltern-Ichs. Diese können zum einen rebellisch (trotziges Kind-Ich) oder zum anderen angepasst (angepasstes Kind-Ich) sein. Weiterhin wird noch ein so genanntes natürliches Kind-Ich beschrieben, das sich in – im positiven Sinne – naiven, spielerischen und neugierigen Verhaltensweisen zeigt.

Mögliche Kennzeichen des Kind-Ichs: »Wow!«, »Klasse!«, »Geil!« (natürlich), »Darf ich …?«, »Könntest du für mich …?« (angepasst), »Wieso ich denn?«, »Jetzt erst recht nicht!« (trotzig), glänzende Augen, staunendes Gesicht (natürlich), kein Blickkontakt, hängende Schultern (angepasst), aufstampfender Fuß, verschlossene Haltung (trotzig).

Schließlich unterscheidet man noch das so genannte **Erwachsenen-Ich.** Es zeigt sich in vernünftigen und rationalen Verhaltensweisen, es orientiert sich an der aktuellen Realität, verarbeitet Informationen in reflexiver Weise. Es »ist einem Computer vergleichbar, der die Tatsachen der Realität auswertet und die Impulse aus den Eltern- und Kindheits-Ich auf Angemessenheit überprüft« *(Schulz von Thun, 1998, 171).* Mögliche Kennzeichen des Erwachsenen-Ichs: »Mich interessiert, warum …«, »Ich sehe das so …«, Blickkontakt, offen zugewandte Haltung.

In der einführenden Übung konnten wahrscheinlich für die jeweiligen Ich-Zustände typische Argumentations- und Verhaltensweisen beobachtet werden – sowohl auf Seiten des »Überredenden« als auch auf Seiten der Person, die »zum Aufstehen bewegt werden soll«:

Ich-Zustände	**Sätze seitens der überredenden Person**	**Sätze seitens der zu bewegenden Person**
Kritisches Eltern-Ich	*Jetzt steh endlich auf und beweg dich ein bisschen, du faules Stück!*	*Lass mich doch in Ruhe! Musst du mich immer stören!*
Fürsorgliches Eltern-Ich	*Ich mache mir Sorgen um deine Gesundheit. Komm lass uns mal zum Fenster gehen. Frische Luft und Bewegung tut dir gut.*	*Oh, ich möchte nicht, dass du dir Sorgen machst.*
Erwachsenen-Ich	*Ich möchte ein Experiment mit dir machen, in dem es ums Aufstehen geht. Würdest du bitte mal aufstehen.*	*Das ist ja interessant. Erzähl mir doch ein bisschen mehr darüber.*
Angepasstes Kind-Ich	*Die Seminarleitung hat gesagt, wir sollen diese Übung machen und du sollst jetzt aufstehen.*	*Natürlich komme ich mit ans Fenster – wenn du es wünschst.*
Trotziges Kind-Ich	*Ich will jetzt aber, dass du aufstehst und zum Fenster gehst, verdammt noch mal.*	*Ich hab keine Lust! Geh doch selber!*
Natürliches Kind-Ich	*He, schau mal das Ufo!*	*Krieg ich dafür ein Eis?*

Die Ich-Zustände können nicht nur aus den verbalen Äußerungen erschlossen werden. Vielmehr sind sie im gesamten Spektrum der Kommunikation beobachtbar, auch in der Körpersprache. So könnte beispielsweise das natürliche Kind-Ich die auf dem Stuhl sitzende Person kitzeln, um sie zum Aufstehen zu bewegen.

Die Transaktionsanalyse hat ein Instrument entwickelt, das uns hilft, die Verteilung bzw. Anteile der verschiedenen Ich-Zustände bei uns selbst einzuschätzen bzw. einschätzen zu lassen: das *Ego-*

gramm (oder Psychogramm). »Es geht davon aus, dass die psychische Energie, die eine Person zur Verfügung hat, konstant ist und in einer für diesen Menschen typischen Besetzung der Ich-Zustände gezeigt wird.« *(Hennig & Pelz, 1997, 41)* Mit Hilfe des Egogramms können Sie intuitiv erfassen, wo Sie leicht »zu packen«, also am sensibelsten anzusprechen sind bzw. worauf Sie allergisch reagieren. Sie können aber auch Ihre bevorzugte Interaktionsform erkennen bzw. zurückgemeldet bekommen.

▶ Anregung für Sie selbst

Tragen Sie intuitiv in das nachfolgende Diagramm Säulen ein, welche Verteilung der verschiedenen Ich-Zustände Sie bei sich selber wahrnehmen. Anschließend können Sie eine Ihnen vertraute Person bitten, eine Fremdeinschätzung Ihrer Person vorzunehmen, und die Unterschiede und Ähnlichkeiten besprechen.

Egogramm

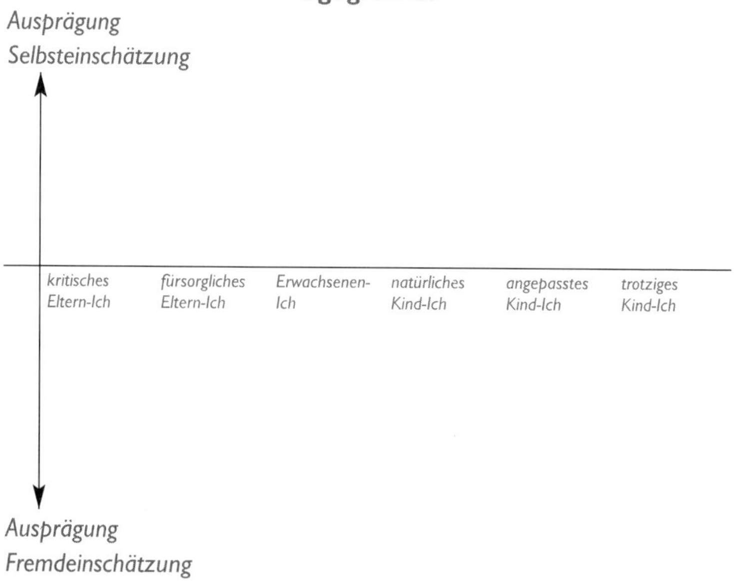

(Vgl. Stewart & Joines, 2000, 54ff.)

Als besonders hilfreich wird es von Seiten der Transaktionsanalyse angesehen, wenn die Anteile des Erwachsenen-Ichs, des natürlichen Kind-Ichs und des fürsorglichen Eltern-Ichs am stärksten ausgeprägt sind. Konfliktträchtig können starke Ausprägungen von (negativer) Kritik (kritisches Eltern-Ich), Anpassung (angepasstes Kind-Ich) und Trotz (trotziges Kind-Ich) sein (▷ hierzu die Ausführungen zum Drama-Dreieck in *Kap. 3 dieses Bandes).*

In unseren alltäglichen Begegnungen (Transaktionen) kann es sein, dass wir mit Menschen zusammentreffen, deren bevorzugte Ich-Zustände mit den von uns bevorzugten besonders gut zusammenpassen. So können sich Ehen auf Dauer gut halten, wenn ein Partner hauptsächlich auf der Ebene des fürsorglichen Eltern-Ichs agiert, während der/die andere vor allem im Modus des angepassten Kind-Ichs lebt. Vielleicht geraten wir aber auch an Menschen, die auf der gleichen »Frequenz senden« wie wir. Stellen Sie sich vor, bei zwei Arbeitskollegen steht das kritische Eltern-Ich im Vordergrund …

Neben der Transaktionsanalyse stellen wir noch ein weiteres Modell vor, das Ihnen die Möglichkeit bietet, Ihren Deutungsmustern auf die Spur zu kommen: das Innere Team.

Das Innere Team

Das situationsangemessene Verstehen anderer Personen setzt vielfach erst einmal die Bewusstheit und Klarheit der eigenen Person voraus. Wer sich selbst nicht kennt, eigene, innere Stimmen nicht hört oder hören will, der kann oft auch andere Menschen nicht verstehen.

Das Modell des »Inneren Teams« *(mehr zum Inneren Team lesen Sie auch auf Seite 78ff.)* will auf diese multiple, manchmal gar widersprüchliche Innenwelt aufmerksam machen. Es lässt sich in sechs Statements kurz zusammenfassen *(zum Folgenden vgl. Schulz von Thun, 1998, 18f.; auch Pichler, 2000):*

- Jeder Mensch verfügt über eine innere Pluralität. Innere Stimmen arbeiten mit-, neben-, durch- und gegeneinander an ihren Zielen.
- Dieses Innere Team braucht eine Leitung, die aus den zum Teil widerstreitenden Kräften ein Team machen soll.
- Ein Inneres Team ohne Konflikte ist undenkbar. Notwendig ist ein Konfliktmanagement für das Erkennen, Bearbeiten und Lösen der Konflikte.
- Die je spezifische Persönlichkeit eines Menschen zeigt sich in der typischen Grundaufstellung der inneren Mitglieder (wer steht im Vordergrund, wer im Hintergrund?). Ziel ist – falls sich eine Person weiterentwickeln will – eine »Innere Teamentwicklung«, in der auch Außenseiter integriert werden.
- Je nach äußerer Situation und äußerem Gesprächs- oder Konfliktpartner werden die inneren Figuren – bewusst oder unbewusst – unterschiedlich aufgestellt (»Mannschaftsaufstellung«).
- »Stimmiges Verhalten« ist eine Konsequenz aus der Beachtung der äußeren Situation und dem authentischen Äußern der inneren Befindlichkeit (vgl. hierzu auch das Postulat nach »selektiver Authentizität« in der Themenzentrierten Interaktion: Du musst nicht alles sagen, was in dir vorgeht, aber das, was du sagst, soll wahrhaftig sein).

▶ **Beispiel**

Helmut ist von seinen Kolleg/-innen schwer gekränkt worden. Sie haben unisono beschlossen, die Arbeitsbilanz des laufenden Jahres nicht an die Vorgesetzten weiterzuleiten, weil sein Arbeitsanteil stark angestiegen ist und ihre Anteile niedrig aussehen. Auch nachdem er seinen Ärger geäußert hatte, hielten die Kolleg/-innen an ihrer Strategie fest.
Wie soll er nun reagieren? Helmut hört in sich hinein; verschiedenste Stimmen melden sich in ihm zu Wort:

Der Gekränkte: *»Es verletzt mich sehr, dass meine Arbeit so wenig gewürdigt wird.«*
Der Wütende: *»Blöder Sauhaufen! Ich schmeiße die ganze Arbeit hin und schieße sie alle auf den Mond.«*
Der Schmollende: *»Gut, dann engagiere ich mich eben nicht mehr. Ab jetzt mache ich Dienst nach Vorschrift. Sollen sie doch schauen, wie sie ohne mich zurecht kommen.«*
Der Gerechtigkeitskämpfer: *»Dieses Verhalten ist ungerecht. Ich habe ein Recht darauf, dass meine Arbeitsleistung veröffentlicht wird. Ich gehe zur Mitarbeitervertretung.«*

Der Diplomat: *»Ich spreche das Thema noch mal an. Sicherlich finden wir einen Kompromiss, der die Ängste meiner Kolleg/-innen und meine Interessen berücksichtigt. Es geht doch um die Sache.«*
Der Pragmatiker: *»Es bringt nichts, das Ganze noch ein Mal anzusprechen. Ich werde mich mit der Situation arrangieren und andere Wege suchen, meine Leistungen nach außen publik zu machen.«*
Der Verständnisvolle: *»Ich kann sie ja verstehen. Sie haben ja auch ihre Gründe, warum sie nach außen nicht schlecht dastehen wollen. Sie wollen eben ihre Stelle retten oder einen Schritt weiter nach oben kommen. Da muss ich ein bisschen zurückstehen.«*
Der Sozialpädagoge: *»Ich werde Betroffenheit und meinen Ärger noch mal zum Ausdruck bringen. Ich bin sicher, dass die anderen darauf eingehen werden. Wir sind doch ein Team.«*

▶ Anregung für Sie selbst

Rufen Sie sich eine Beziehung oder eine Situation aus Ihrem Leben vors innere Auge, in der Sie sich unwohl fühlen, die Ihnen Sorgen macht, wo Sie nicht wissen, wie Sie sich verhalten sollen!
Machen Sie sich nun – ähnlich der Abbildung zum vorausgegangenen Beispiel – ein inneres Bild der Stimmen, die zu der gedachten Beziehung oder Situation eine Meinung abgeben, einen Kommentar liefern oder gar bestimmte Appelle an Sie richten!
Seien Sie dabei gründlich! Hören Sie genau hin und nicht zu schnell auf!

▶ Anregung für die Gruppe

Nachdem ein/e Teilnehmer/-in sich die inneren Stimmen zu einer bestimmten Beziehung oder Situation klar gemacht und diese visualisiert hat, bittet er/sie Mitglieder aus der Gruppe, die jeweiligen Rollen zu übernehmen!
Die Rollenträger setzen sich in einen Kreis, jeder bekommt eine Rolle zugewiesen und einen programmatischen Satz auf den Weg, der ihm/ihr hilft, seine/ihre Rolle zu finden.

Danach beginnen die im Innenkreis sitzenden Personen (inneren Stimmen) ein Gespräch miteinander. Die Person, deren innere Stimmen nun miteinander sprechen, schaut sich das Ganze von außen an.
Wenn der Eindruck entsteht, die Diskussion ist ausgereizt und es kommen keine neuen Argumente mehr, dann bricht die Gruppenleitung das Innenkreisgespräch ab. Es folgt ein Auswertungsgespräch aller u.a. zu folgenden Fragen:

- *Welche Stimmen waren wie dominant?*
- *Gab es Koalitionen zwischen einzelnen Stimmen? Wie können sich solche Koalitionen auswirken?*
- *Sind andere Koalitionen denkbar, die sich zur Beziehungs- oder Problemklärung als hilfreich erweisen werden?*
- *Wo hat sich der/die Fallgeber/in wiedererkannt, was hat ihren/seinen Horizont erweitert, wo kann er/sie im inneren Dialog jetzt selbständig weiterarbeiten?*

Fassen wir zusammen: Wir können ausgeglichener und widerstandsfähiger werden durch die Entwicklung einer persönlichen Vielseitigkeit, der »Selbstkomplexität«.

Jeder Mensch ist ein Bündel verschiedener, oft sehr unterschiedlicher und manchmal widersprüchlicher Rollen, Eigenschaften und Fähigkeiten. Wir besitzen viele Unter-Identitäten, die von einem »Kernselbst« integriert, koordiniert und optimal eingesetzt werden. Das Kernselbst sorgt dafür, dass wir trotz des Facettenreichtums ein Ganzes sind. Die Koexistenz der Unter-Identitäten ermöglicht uns die Anpassung an sehr unterschiedliche Situationen und Rollenerfordernisse. Je komplexer das Selbst ist, je mehr Rollen und Beziehungen ein Mensch ausbildet und pflegt, desto größer ist seine Widerstandskraft gegenüber Krankheiten und anderen Lebensrisiken. »Selbstkomplexe« Menschen können Verluste und Niederlagen kompensieren, weil sie mentale und emotionale Ausweich- und Rückzugsgebiete haben *(vgl. Ernst, 1999, 26).*

Ein nicht unwesentlicher Aspekt des Selbst-Verständnisses sei am Schluss noch erwähnt: Wir haben erörtert, dass biografische Vorerfahrungen, Vorwissen und Vorurteile unsere Wahrnehmung der Wirklichkeit beeinflussen. Dies gilt auch für die Wahrnehmung von uns selbst. Auf diese Weise können realistische Selbsteinschätzungen für uns selbst verstellt sein. »Wenn unser Denkvermögen beeinträchtigt ist oder unsere Gedanken negativ oder geschwächt sind, dann werden wir auch nie etwas Kostbares oder Schönes in unserer Seele entdecken.« *(O'Donohue, 1999, 125)* Dies gilt aber nicht nur für Menschen, die kein gutes Haar an sich lassen können, sondern auch für Personen, die umgekehrt vor Selbstbewusstsein und Arroganz nur so strotzen. Die Brille, die ich aufsetze, bestimmt auch mein Bild von mir selbst.

1.4 Situationen verstehen

Um Situationen, die wir er-, durch- und überleben müssen, besser verstehen zu können, bieten sich verschiedene Verständnis- und Analyseraster, wie sie in Coaching und Supervision verwendet werden, an.

Wir schlagen ein Modell vor, das verschiedene Ebenen des Verstehens und Denkens unterscheidet *(im Folgenden legen wir zugrunde: Müller u.a., 1997; Müller & Mechler, 1999; vgl. auch Müller, 1993; Klingenberger, 1999)*.

Stehe ich vor einer Berufs- oder Privatsituation, in der ich den Eindruck habe, »ich verstehe die Welt nicht mehr«, so kann ich fragen nach:

- den **persönlichen Anteilen** der an der Situation versammelten Personen: Welche Charaktereigenschaften, psychische Besonderheiten, Spleens und Macken, die in die vorliegende

Situation hineinspielen, weisen sie auf? Wo stehen sie in meiner Biografie? Welche Pläne haben sie?

- den jeweiligen **Kompetenzen** der beteiligten Personen: Ist jemand nicht in der Lage sich angemessen auszudrücken? Wie steht es mit der Konfliktfähigkeit? Wissen die anwesenden Personen genau, was sie wollen?
- der **Qualität der Beziehung** zwischen den anwesenden Personen: Wie reden sie miteinander? Herrschen bestimmte Kommunikationsstile vor? Handelt es sich um komplementäre oder symmetrische Beziehungen, d.h. behandeln sich die Gesprächspartner gleichberechtigt oder nicht? Gibt es bestimmte Interaktionsmuster, das heißt eingeschliffene Umgangsweisen miteinander (vgl. z.B. unsere Ausführungen zur Transaktionsanalyse)?
- Einflüssen, die sich aus den **organisatorischen Rahmenbedingungen** ergeben: In welcher strukturellen Beziehung stehen die beteiligten Personen zueinander? Wie schaut der Rahmen genau aus? Welche Regeln, Normen und Werte herrschen in Unternehmen, Institutionen, in der Familie, kurz: am Ort des Geschehens vor?
- den **gesellschaftlichen Aspekten,** die in die Situation hineinwirken: Welche sozialen Entwicklungen, Fragen und Konflikte wirken in die zu verstehende Situation hinein? Zum Beispiel das Verhältnis von Arm/Reich oder Ost/West, Generationskonflikte, Männer-Frauen-Thematik u.a.?

Um diese verschiedenen Aspekte konkret zu erläutern, greifen wir noch einmal das letzte Beispiel von Helmut auf (▷ *Seite 42*). Wir können es nach den soeben vorgestellten Aspekten abfragen und kommen somit zu einem vertieften Verständnis der Situation:

Analyse-Aspekt / Leitfragen	*Mögliche Antworten*
Persönliche Anteile: Welche Charaktere sind an der Situation beteiligt? Was ist ihr biografischer Standort?	*Es gibt eine Mehrheit von depressiven Charakteren, denen die – oberflächliche – gute Beziehung wichtig ist (z.B. der Verständnisvolle, der Schmollende, der Gekränkte, der „Sozialpädagoge").*
Individuelle Kompetenzen: Können sich die Beteiligten angemessen ausdrücken? Sind sie konfliktfähig?	*Die meisten Teammitglieder, auch Helmut, sind konfliktgehemmt, eventuell auch nicht konfliktfähig.*
Beziehungsaspekt: Welche Beziehungen bestehen untereinander? Gibt es Freundschaften, Feindschaften, Koalitionen, Konkurrenten?	*Ein Kollege strebt eine höhere Stellung an. Der Rückgang seiner Produktionszahlen ist für seine Karriere kontraproduktiv.*
Organisatorische Faktoren: Wie schaut die Machtverteilung aus? Welche Normen und Werte herrschen vor?	*Es gibt im Unternehmen keine ausgeprägte Streitkultur. Der Leiter nimmt seine Funktion nur bedingt wahr.*
Gesellschaftliche Einflüsse: Spielen geschlechtsspezifische Aspekte oder Generationenkonflikte eine Rolle?	*Es herrschen – generationenbedingt – unterschiedliche Vorstellungen von Professionalität vor.*

Eine so differenzierte Analyse ist auch dahingehend von großem Nutzen, weil wir die einzelnen Aspekte danach befragen können, inwieweit sie von uns beinfluss- und veränderbar sind. Am schwersten veränderbar sind im Alltag wohl die persönlichen Charaktereigenschaften anderer und die gesellschaftlichen Bedingungen, die in Problemsituationen mit hineinspielen. Nach einer solchen Veränderbarkeits-Analyse können wir unsere Energie gezielter zur Veränderung der Situation einsetzen.

Sicherlich wirken in Helmuts Arbeitsteam auch gruppendynamische Faktoren hinein. Zum Verständnis von Gruppensituationen stellen wir Ihnen nun eine eher spielerische Form vor. Sie kann helfen, Rollenverteilungen und soziale Konflikte zu erkennen und eventuell kreativ zu bearbeiten.

▶ Anregung für die Gruppe

(Die Anregung zu dieser Übung verdanken wir Eike Rubner.)

Die Teilnehmer/-innen werden aufgefordert, sich eine Rolle aus der Zirkuswelt zu suchen. Die Rolle soll dabei ungefähr auch ihrer Position und Rolle in der wirklichen Gruppe entsprechen, z.B. Direktorin für die Gruppenleiterin, Clown für den Gruppenkaspar u.Ä. Tiere dürfen keine gewählt werden. Jede/r schreibt diese Rolle auf ein Kärtchen und stellt dieses vor sich hin.

In einer Eröffnungsrunde stellen sich die Personen mit ihren Rollen vor und begründen ansatzweise, warum sie sich diese Rolle ausgesucht haben, z.B. »Ich bin der Orchesterchef, weil ich in unserem (Gruppen-) Zirkus für die Stimmung sorge und aufpasse, dass keine Misstöne entstehen.«

Danach beginnt unter den Gruppenmitgliedern mit ihren Rollen eine Diskussion – mit folgenden Leitfragen:

- *Inwieweit entspricht die Zirkus-Rolle der jeweiligen Gruppen-Rolle (z.B. die Leiterin der Gruppe spielt die Direktorin)? Oder entsprechen sich die beiden Rollen nicht (z.B. der Leiter der Gruppe übernimmt die Rolle des Eisverkäufers)?*
  Inwieweit stimmen Rolle und tatsächliches Verhalten miteinander überein?
- *Sind alle Zirkus-notwendigen Rollen besetzt und vergeben? Fehlen noch Rollen und wer könnte sie übernehmen (z.B. es finden sich keine Jongleure)?*
- *Sind manche Rollen überbesetzt (z.B. es gibt vier Dompteure)?*
  Wer könnte andere, eventuell noch fehlende Rollen übernehmen?

Nach dieser Aushandlungsphase schreiben alle ihre (eventuell neue) Rolle auf die Rückseite des Kärtchens. Nun wird das Zirkus-Spiel beendet und in einer abschließenden Reflexion betrachtet, inwieweit die Rollen mit den Einschätzungen der Gruppensituation seitens der Teilnehmer/-innen und der Leitung übereinstimmen und wie die Diskussion abgelaufen ist.

1.5 Andere verstehen – sich verständlich machen

Andere zu verstehen und sich selbst verständlich zu machen – beides sind grundlegende Fertigkeiten im Zusammenleben von Menschen. Beide Fertigkeiten werden zudem immer wichtiger in einer Zeit, in der das (Zusammen-)Leben der Menschen immer pluraler, d.h. vielgestaltiger wird (▷ *hierzu das einführende Kapitel »Nicht mehr sicher, aber frei«*). Fremdheit wird somit immer mehr; sie zu akzeptieren und zu integrieren wird immer notwendiger. Hinzu kommt schließlich noch, was wir einführend über die unterschiedlichen Wirklichkeiten, in denen Menschen leben, gesagt haben. Missverständisse sind so eigentlich der Normalfall. »Beide Gesprächspartner verstehen sich nie vollständig, sie interpretieren sich gegenseitig ..., sie nähern sich im Verlauf des Gesprächs, oder sie entfernen sich voneinander. Bestenfalls bewegen sie sich in einer gemeinsamen Driftzone, in der eine Perspektivenverschränkung möglich ist, was sich im Nachhinein oft auch als Missverständnis erweist.« *(Siebert, 1997, 21)* Es ist also fast ein Wunder, wenn wir einander verstehen. Und obwohl uns vom Kopf her bewusst ist, dass Verstehen eigentlich ein Sonderfall und Missverstehen der Normalfall ist, gehen wir dieser Sisyphus-Arbeit weiter nach. Man nennt dies eine »Als-ob-Fiktion«: »Obwohl Verständigung eher unwahrscheinlich ist, müssen wir ständig eine Wahrscheinlichkeit des Verstehens unterstellen und damit die Chancen der Verständigung tatsächlich vergroßern.« *(Siebert, 1997, 21)*

Wir stellen einige Aspekte vor, von denen wir meinen, dass die Beschäftigung mit ihnen helfen kann, sich besser verständlich zu machen.

Bewusstmachen der eigenen Kommunikationsbiografie

Jede/r von uns hat seine/ihre eigenen Sprech- und Gesprächserfahrungen und -gewohnheiten, die wir uns im bisherigen Leben angeeignet haben. In diesem Zusammenhang spricht man von der »Kommunikationsbiografie«: Hier »entwickeln sich nicht nur Wortschatz, Syntax und Semantik, sondern auch die Emotionalität der Sprache.« *(Siebert, 1997, 21)*

▶ Anregung für Sie selbst

Richten Sie sich eine Tabelle mit fünf Spalten ein! In der linken Spalte notieren Sie die Jahreszahlen seit Ihrer Geburt bis in die Gegenwart in Fünf-Jahres-Abständen! In die zweite Spalte schreiben Sie Ihre hauptsächlichen Kommunikationspartner/-innen zu der jeweiligen Zeitspanne! In der dritten Spalte charakterisieren Sie in kurzen Worten Ihren Kommunikationsstil zu dieser Zeit. Für die vierte Spalte erinnern Sie typische Worte, Ausdrücke und Formulierungen, die Sie in dieser Zeit verwendet haben. Für die fünfte, rechte Spalte schätzen Sie den Anteil der Emotionalität auf einem Spektrum von 1 (gering) bis 5 (sehr stark) ein. Überlegen Sie auch: Hat sich die Emotionalität in Tonfall, Lautstärke etc. geäußert oder haben Sie die Gefühle verbalisiert?

Jahreszahlen	Kommunikationspartner	Kommunikationsstil	typische Worte	Anteil der Emotionalität (1–5)
1965				
1970				
1975				
1980				
1985				
1990				
...				

Lebenswelten

Um andere Personen besser zu verstehen, kann es hilfreich sein, ihre Lebenswelten zu betrachten. Darunter ist nicht nur die Welt zu verstehen, in der Menschen äußerlich leben, sondern vor allem ihre innere Welt, die wir uns aus Äußerungen und Verhaltensweisen erschließen können. Diese Lebenswelt bildet die Grundlage, auf der Menschen wahrnehmen, denken, fühlen und handeln. Sie gibt ihnen Sicherheit und Handlungsorientierung. Diese Lebenswelt ist – wie im einleitenden Kapitel »*Nicht mehr sicher, aber frei*« benannt – nicht objektiv, sie ist ein individuelles Konstrukt *(vgl. hierzu Klingenberger, 1992, 275ff.; Siebert, 1994, 11ff.).*

Es empfiehlt sich, den Blick auf folgende einzelne Aspekte von Lebenswelten zu richten *(vgl. Kaiser, 1990;* dieses Analyseraster greifen wir im 2. Kapitel des 2. Bandes wieder auf, wenn es um die »Kunst des Beginnens von Beziehungen« geht):

Jede/r verfügt über mehr oder weniger spezifische **Interaktions- und Umgangsformen.** Darunter sind zum einen spezielle Kommunikationsstile gemeint, z.B. die Bevorzugung einer bestimmten Seite des Nachrichtenquadrates (▷ *Seite 53 und 156)*. So gehört es für manche Personen zur Normalität Ich-Botschaften zu senden, während andere Menschen hauptsächlich auf der Sachebene kommunizieren. Wieder andere haben das Versenden von Appellen zu ihrer Leidenschaft gemacht. Auch hören wir manches besonders gut, während anderes durch die Maschen unserer Wahrnehmung schlüpft. Manche Personen sehen sich als Person oder die betreffende Beziehung schnell in Frage gestellt, während andere überall einen Appell heraushören und z.B. auf den Satz »Trockene Luft ist hier« sofort aufspringen und ein Getränk bringen. Zu den Kommunikationsstilen kommen noch bestimmte Interaktions- oder Verhaltensmuster hinzu (allgemein oder in Zusammenhang mit bestimmten

Personen). Ist der Umgangsstil gleichberechtigt oder hierarchisch? Oder kommen spezifische Transaktionen (▷ *die Ausführungen über die Ich-Zustände, Seite 37)* besonders zum Tragen?

Die vier Seiten einer Nachricht (nach Schulz von Thun, 1991)

Unser Verstehen von und Verständnis für andere wird auch dadurch erhöht, dass wir etwas aus ihrer **Lebensgeschichte** wissen. Die Kenntnis biografischer Verläufe und lebensgeschichtlicher Krisen und Knotenpunkte lässt uns manches, was wir von anderen Menschen erfahren oder erleiden, besser einordnen und gegebenenfalls sogar tolerieren.

Skripts, das heißt festgeschriebene Handlungsziele, -abläufe, -mittel und -orte. Wie bedeutsam solche Skripts für unser alltägliches Handeln sind und wie sehr sie zwischen Menschen differieren können, zeigt folgendes Beispiel: »Unter den während des Krieges in England stationierten amerikanischen Soldaten war die Ansicht weit verbreitet, die englischen Mädchen seien sexuell überaus leicht zugänglich. Merkwürdigerweise behaupteten die Mädchen ihrerseits, die amerikanischen Soldaten seien übertrieben stürmisch. ... Es stellte sich heraus, dass das Paarungsverhalten ... – vom Kennenlernen der Partner bis zum Geschlechtsverkehr – in England wie in Amerika ungefähr dreißig verschiedene Verhaltensformen durchläuft, dass aber die Reihenfolge dieser Verhaltenformen in den beiden Kulturbereichen verschieden ist. Während z.B. das Küssen in Amerika relativ früh kommt, etwa auf Stufe 5, tritt es im typischen Paarungsverhalten der Engländer relativ spät auf, etwa auf Stufe 25. Praktisch bedeutet dies, dass eine Engländerin, die von ihrem Soldaten geküsst wurde, sich nicht nur um einen Großteil des für sie intuitiv ‚richtigen' Paarungsverhaltens (Stufe 5-24) betrogen fühlte, sondern zu entscheiden hatte, ob sie die Beziehung an diesem Punkt abbrechen oder sich dem Partner sexuell hingeben sollte. Entschied sie sich für die letztere Alternative, so fand sich der Amerikaner einem Verhalten gegenüber, das für ihn durchaus nicht in dieses Frühstadium der Beziehung passte und nur als schamlos zu bezeichnen war.

Die Lösung eines solchen Beziehungskonflikts durch die beiden Partner selbst ist natürlich deswegen praktisch unmöglich, weil derartige kulturbedingte Verhaltensformen und -abläufe meist völlig unbewusst sind. Ins Bewusstsein dringt nur das undeutliche Gefühl: der andere benimmt sich falsch.« *(Watzlawick, 1982, 20)*

Zu den **Bewertungsmustern** zählt man alle Vorstellungen von »Richtigkeit«, über die Menschen verfügen. Es geht also um ihr Wert- und Normengefüge und um das persönliche Regelsystem.

Zu den **Handlungserwartungen** gehören u.a. die so genannte »Und-so-weiter-Annahme« (also die Erwartung, dass es eine Fortführung in der Zukunft gibt) oder die so genannte »Ich-kann-immer-wieder-Annahme« (die Erwartung der Wiederholbarkeit von persönlichen Erfolgen). Vereinfacht ausgesprochen können wir hier auch von der Spanne zwischen Optimismus und Pessimismus sprechen. Oder auch darüber, ob Menschen eher eine kontinuierliche Zeitvorstellung haben, eine zyklische oder eine von Einbrüchen gekennzeichnete oder …

Deutungsmuster – diesen Begriff haben wir im Laufe dieses Kapitels immer wieder verwendet, jetzt können wir ihn quasi als Fazit fest umschreiben: »Als Deutungsmuster werden unsere mehr oder weniger zeitstabilen Sichtweisen und Interpretationen bezeichnet, die wir zu unseren alltäglichen Handlungs- und Interaktionsbereichen lebensgeschichtlich entwickelt haben.« *(Müller, 1999, 39)*

Ein Hinweis sei zur Vorsicht noch angebracht:

Zunächst sollten wir uns darauf beschränken, die Lebensweltaspekte anderer nur wahrzunehmen. Der Bewertung sollten wir uns erst einmal – und vielleicht überhaupt – enthalten.

Fragen stellen

Fragen sind mehr als eine Kommunikationsmethode. Fragen helfen Deutungen klären: Einmal der/dem Fragenden bezüglich ihres/seines Interesses, aber auch der/dem Befragten bezüglich der Entschlüsselung (Decodierung) ihrer/seiner Gedanken. Fragen können mich an einem bestimmten thematischen Faden entlang leiten. Fragen und Antworten können mir bisher unbedachte Aspekte erhellen, sie können mir mein Deutungsmuster klarer machen und auch das des anderen. Schließlich können sie mich ans Ziel bringen bezüglich meines Informationsbedürfnisses.

Es gibt unterschiedliche Arten zu fragen *(Birkenbihl, 1997; Hahn & Stickel, 2000; Saul, 1995)*. Je nach der Beziehung zwischen dem Fragenden und dem Gefragten, je nach Zielsetzung sind verschiedene Fragearten sinnvoll.

Die grundsätzlichste Unterscheidung besteht zwischen **offenen** und **geschlossenen** Fragen. Geschlossene Fragen im engeren Sinne sind solche, die mit »ja« oder »nein«, weiter gefasst alle, die mit »ja«, »nein« oder einer einzelnen Information beantwortet werden können.

Zum Beispiel: »Hast du heute eingekauft?«, »Bist du traurig?«, »Gibt es Suppe zum Mittagessen?«, »Wie alt bist du?«, »Welcher Wochentag ist heute?«, »Wie viel wiegst du?« Geschlossene Fragen fokussieren das Thema, bringen detailgenaue, aber geringe Information und werden eher als lenkend und wenig partnerschaftlich erlebt. Offene Fragen sind solche, die mit mehreren Informationen, meistens mindestens einem Satz beantwortet werden und die die Richtung der Antwort eher offen lassen als geschlossene Fragen.

Zum Beispiel: »Was hast du heute eingekauft?« Hier ist die Antwort »Zwiebeln, Bohnen, Tomaten und Zucchini« genau so möglich wie »Alles für einen Gemüseeintopf«. »Was macht dich traurig?« Hier bekommt der/die Fragende eher eine Geschichte, wie es zu der Traurigkeit gekommen ist, als eine einzige Information. »Wie hast du das Mittagessen geplant?« Hier erfährt der/die Fragende den größeren Kontext. »Was hast du in deinem Leben besonders Wichtiges erlebt?«, »Was ist heute alles zu tun?«, »Wie kommst du mit deinem Gewicht zurecht?« Offene Fragen erweitern den Kontext und den Informationshorizont und werden eher partnerschaftlich und gering lenkend erlebt.

Eine Vielzahl von weiteren Fragetypen lassen sich in die oben genannten Fragekategorien einordnen. Zu den **geschlossenen** Fragen gehören z. B. auch:

- Alternativfragen: »Willst du Gemüsegratin oder Gemüseeintopf kochen?«
- Suggestivfragen: »Du bist doch auch der Auffassung, dass das mit der Trauer keinen Sinn hat, oder?«
- Rangierfragen: »Ich bin deiner Meinung, möchte aber noch mal zum Ausgangspunkt zurück kommen, ist dir das recht?«
- Rhetorische Frage: »Ist das nicht wundervoll?«
- Kontaktfrage: »Darf ich dich um einen Gefallen bitten?«
- Aufzählfragen: »Können Sie mir die wichtigsten Fragearten nennen?«

Zu den **offenen** Fragen gehören z.B. auch:

- Gegenfragen: »Warum? Warum nicht?«
- Präzisierende Fragen: »Was genau magst du denn an meinem Essen nicht?«
- Prozessfragen: »Wie sollen wir denn hiermit fortfahren?«
- Überleitungsfragen: »Und wie geht's weiter?«
- Meinungsfragen: »Was hältst du davon?«
- Zielfragen: »Was soll am Ende der Sitzung rauskommen?«
- Metafragen: »Wie muss die richtige Fragestellung jetzt lauten?«

Einen Zwischenstatus nehmen die so genannten **Spiegelungs-, Rückkopplungs- bzw. Kontrollfragen** ein. Sie werden meist für einen Teil mit einem »ja« und/oder »nein« beantwortet, zu einem anderen Teil aber noch mit Zusatzinformationen ergänzt:

Beispiel: »Du bist also der Meinung, dass du dafür zu alt bist?«, »Wenn ich dich richtig verstanden habe, findest du, dass wir für diesen Sonntag genug gearbeitet haben?«

Um Fragen zielgenau stellen zu können, hat sich eine bestimmte Reihenfolge als Leitlinie bewährt. Beginnend mit einer oder mehreren offenen Fragen in ein Gespräch einsteigend kann der nächste Schritt sein, Detailinformation mit geschlossenen Fragen zu bekommen und mit Hilfe von Spiegelungsfragen zusammenzufassen und zu überprüfen, ob ich die Essenz richtig verstanden habe. Damit ergibt sich das Bild eines Trichters.

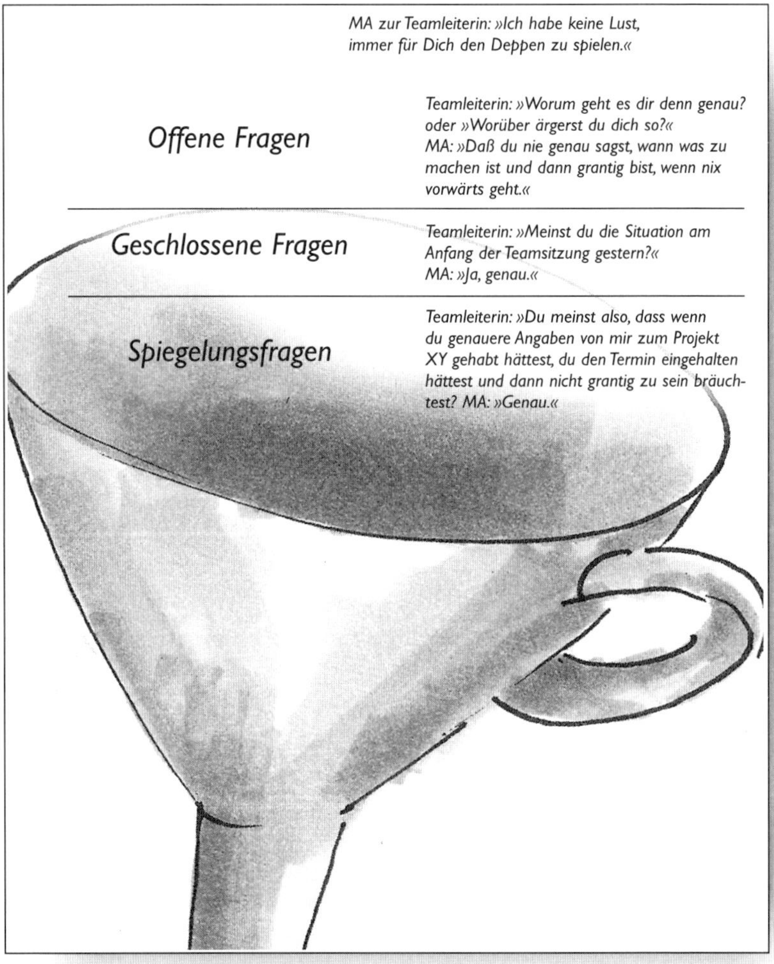

Damit Fragen ihre kommunikationsfördernde Wirkung entfalten können, gibt es noch einiges zu beachten:

Verzichten Sie auf Verallgemeinerungen: »Wie siehst du denn *schon wieder* aus?«, »Wieso musst du *immer alles* besser wissen?«

Verzichten Sie auf den – wie auch immer gearteten – Unterton. Verzichten Sie auf manipulative Fragearten (z.B. Suggestiv- und Rhetorische Fragen). Verzichten Sie auf »mutwillige« Verklausulierungen: »Wo kämen wir denn da hin?«

Anregung für Sie selbst

Gehen Sie die Fragen in den Abschnitten »Anregung für Sie selbst/für die Gruppe« in diesem Buch durch und recherchieren Sie den vorherrschenden Fragetypus. Sammeln Sie die Fragen, die Sie heute im Laufe des Tages – wem auch immer – schon gestellt haben. Ordnen Sie sie den oben genannten Fragekategorien zu. Von welchem Fragetypus haben Sie mehr benutzt? Wie dienlich waren diese Fragen Ihrem Gespräch in Bezug auf Missverständnisklärung und Deutungseinigungen? Welche der »Verzicht«-Regeln fällt Ihnen tendenziell schwer einzuhalten?

Anregung für die Gruppe

In Dreiergruppen unterhalten sich die Teilnehmer/-innen über ein frei gewähltes Thema. Eine/r beginnt. Die anderen müssen aber, bevor sie eine Antwort geben, dem/der Vorredner/-in eine Frage stellen.

1. Variante: Es dürfen nur Spiegelungsfragen verwendet werden.
2. Variante: Es dürfen nur geschlossene Fragen verwendet werden.
3. Variante: Es dürfen nur offene Fragen verwendet werden.
4. Variante: Die Übung wird mit Innen- und Außenkreis gespielt.

Auswertung: Wann waren welche Fragen leicht, wann schwer zu stellen? Wie haben die jeweiligen Fragen auf die/den Befragte/n gewirkt?

Gezielte Fragen können ein Weg sein, um mein inneres Bild, das aufgrund einer Aussage meines Gegenübers entsteht, mit dem inneren Bild des Gesprächspartners zu vergleichen bzw. abzugleichen – also in eine Schnittmenge zu bringen … fast nie aber in völlige Übereinstimmung.

Um gezielt Schnittmengen sichtbar zu machen, kann es hilfreich sein zu wissen, dass wir meist unbewusst drei grundsätzliche Strategien verwenden, um unsere Erfahrungen zu codieren *(Kraft, 1998, 87ff.)*:

- **Generalisierung:** Wir reduzieren die Details und die Fülle unserer ursprünglichen Erfahrung. Zum Beispiel: »Immer wenn ich an der Ampel stehe, ist sie rot.« Fragen dazu wären: »Wann ist immer?«, »Wann war das das letzte Mal so?«, »Handelt es sich um die Fußgänger- oder die Autoampel?«
- **Tilgungen:** Wir tilgen oft den Kontext, in dem eine bestimmte Aussage stimmt. Zum Beispiel: »Ich habe nicht genug Geld.« Fragen dazu wären: »Wofür fehlt dir das Geld?«, »Wofür hättest du gerne mehr Geld?«, »Wofür reicht das Geld denn?«
- **Verzerrungen:** Wir verdinglichen unsere Erfahrungen oder beschreiben sie passiv. Zum Beispiel: »Mein Leiden ist doch für jedermann sichtbar.« Fragen dazu wären: »Worunter leidest du?«, »Wie kann ich es erkennen?«

Diese Fragen können wir anderen Menschen stellen – aber genauso gut im inneren Dialog zur Selbstklärung verwenden.

Anregung für die Gruppe

Bereiten Sie mehrere Zettel mit je einer Aussage vor, die zu den drei oben genannten Strategien Beispiele enthalten. Die Teilnehmer/-innen ziehen je einen Zettel. Die Teilnehmer/-innen versetzen sich in die Rolle eines Menschen, der so eine Aussage tun könnte. In Dreiergruppen sagt je ein/e Teilnehmer/-in die Aussage, die je anderen beiden stellen entsprechende Nachfragen, bis sie den Eindruck haben, die tatsächliche Erfahrung erfasst zu haben.

Ambiguität, Fremdheit und Toleranz

Die Pädagogen und Psychologen diskutieren eine Reihe von Begriffen und Konzepten, die uns in der Deutungskompetenz stärken sollen. Dazu gehört u.a. 1. die Ambiguitätstoleranz, 2. die Perspektivität, 3. der angemessene Umgang mit Fremdheit, 4. das Toleranzkonzept und 5. der Dialog.

Ambiguitätstoleranz »meint die Fähigkeit, sich auf Menschen und Situationen offen einzulassen, sie zu erkunden, sie nicht nach einem ‚Alles-oder-nichts'-Prinzip als nur gut oder nur böse zu beurteilen. Es geht also um die Überwindung des ‚Eindeutigkeitszwanges' und die Ermöglichung von neugieriger Exploration von Realitätsschichten, die einer verkürzenden instrumentellen Logik unzugänglich sind.« *(Keupp, 1994, 346)* Der Reformpädagoge *Hartmut von Hentig* fordert hierzu *(1999, 26):* »Wir müssen erstens den Wert ‚Gewissheit' relativieren, das heißt, ihm einen anderen Wert, den der Wahrhaftigkeit gegenüberstellen …; wir müssen uns zweitens ein ‚philosophisches' Wissen aneignen: das Wissen, dass wir ‚in den wichtigsten Angelegenheiten' nichts wissen, und zugleich, dass wir uns damit nicht zur Ruhe setzen können; wir alle müssen drittens die Fähigkeit der gegenseitigen Anfechtung entwickeln.«

Da wir die uns umgebende Welt immer von einem Standpunkt aus betrachten, erleben wir sie mono-perspektivisch. Ihr gegenüber steht die Multiperspektivität: die Fähigkeit, die »Welt« von unterschiedlichen Positionen aus zu sehen – was nicht gleichbedeutend ist mit dem Aufgeben des eigenen Standpunktes. **Perspektivität** wird somit zu einer wichtigen Schlüsselqualifikation. Sie zeichnet sich aus durch die Dialogfähigkeit und -bereitschaft mit anderen Generationen und Kulturen. Weiterhin ist das Wissen um die Komplexität der Wirklichkeit ein Kennzeichen der Multiperspektivität.

Dem versucht der interdisziplinäre Ansatz in der Wissenschaft gerecht zu werden. Und schließlich kommt hier auch noch eine veränderte ethische Haltung zum Tragen: Nicht starre moralische Prinzipien finden dann Anwendung, sondern eine Haltung der »mentalen Beweglichkeit« wird hier wesentlich. Zu ihr »gehört es, politische, berufliche, private Entscheidungssituationen mit verschiedenen Kategorien und Kriterien zu betrachten« *(Siebert, 1999, 166).*

Aufgrund der unterschiedlichen Wahrnehmungen und Wahrnehmungsfähigkeiten, wegen der unterschiedlichen Aneignungsweisen, der differierenden biografischen Vorerfahrungen und -urteile bleiben Menschen sich bis zu einem gewissen Grad immer fremd. Dabei muss das Gegenüber gar nicht aus einer anderen Kultur oder einem anderen Land kommen. Bereits Unterschiede zwischen den Lebenswelten können ein solches Fremdheitsgefühl entstehen lassen. Doch **Fremdheit** ist für uns Menschen ein eher schwer aushaltbares Gefühl, zieht es doch immer Verunsicherung nach sich. »Fremde, Fremdes und die eigene Fremdheit sind für uns Herausforderungen, die viele, oft nahezu panische und manchmal gewalttätige Aktivitäten in Gang setzen, um die Konfrontation damit zu vermeiden und den unangenehmen, verunsichernden Zustand schnell und nachhaltig in den Griff zu bekommen.« *(Jakubeit & Schattenhofer, 1996, 392)* Grundsätzlich lassen sich zwei extreme Verhaltensweisen im Umgang mit Fremden beobachten (mit vielen Grautönen zwischen diesen Polen): Zum einen kann man ängstlich, ablehnend oder gar aggressiv auf Fremdheit reagieren; zum anderen reicht das Verhaltensspektrum bis hin zu Neugierde und zur Faszination. Zwei Herausforderungen stellen sich damit: die Existenz des Fremden, Neuen und Mehrdeutigen zu bejahen (▷ *auch die »Klingt gut!«-Einstellung in Band 2, Kap.1*) und das Zulassen, ja mehr: das Gestalten der Koexistenz von Fremdem/n. Und damit kommen wir zur Toleranz.

Angesichts der Pluralität der Anschauungen und der Konkurrenz der Lebensentwürfe gewinnt die **Haltung der Toleranz** fundamentale Bedeutung. Sie zu fördern ist dringlicher Auftrag – auch zur Stabilisierung der Demokratie. Dabei meint »Toleranz« »eine Maxime für die individuelle und ethisch motivierte Entscheidung, einen Konflikt aus Einsicht in die prinzipielle Gleichberechtigung des anderen auszuhalten oder gewaltfrei zu regeln.« *(Bertelsmann Forschungsgruppe Politik, 2000, 14, 25ff.)*. Wer tolerant ist, sucht im Konflikt nach einer umfassenderen Perspektive (als der eigenen), die die Gewissheiten des/der anderen als gültig und legitim anerkennt. Über eine solche Haltung verfügt man nicht einfach. Vielmehr setzt sie bestimmte Bereitschaften und Fähigkeiten voraus:

- Kenntnis davon, wie Kommunikation abläuft *(vgl. Schulz von Thun, 1998a)*,
- Bereitschaft zum Zuhören,
- Fähigkeit, sich nachvollziehbar zu artikulieren,
- Einsicht in die Relativität der subjektiven Deutungen,
- Fähigkeit zum Perspektivenwechsel,
- Bereitschaft und Fähigkeit zur konstruktiven Konfliktlösung (▷ *in diesem Band Kap. 3*)

Unter Zugrundelegung des Hauptzieles, andere zu verstehen und sich selbst verständlich zu machen, erhält in jüngster Zeit der Begriff **»Dialog«** neue Beachtung *(vgl. Bohm, 1998; Buber, 1997; Hartkemeyer u.a., 1998)*:

»Der Dialog ist für uns eine besondere Art, miteinander zu sprechen und einander zuzuhören. Dazu gehört vor allem auch, sich selbst zuzuhören, die eigenen Reaktionen zu spüren, die Herkunft der eigenen Gedanken zu erforschen, um nicht Gefangener des eigenen begrenzten Weltbildes zu bleiben.« *(Hartkemeyer u.a., 1998, 14)* Der Glaube, die Wahrheit im eigenen Besitz zu haben, sie für sich »gepachtet zu haben«, verhindert wirkliche Begegnung: »Wie kann man etwas miteinander teilen, wenn man sicher ist, dass man im Besitz der Wahrheit ist, der Gesprächspartner ebenso überzeugt ist, die Wahrheit gefunden zu haben, und diese Wahrheiten nicht übereinstimmen?« *(D. Bohm; in Hartkemeyer u.a., 1998, 55)*

Was ereignet sich nun beim Dialog? Im Prozess des Dialogs fragen wir nach den Hintergründen und Quellen unseres Denkens und Argumentierens; er ist ein beständiges Hinterfragen von Prozessen, Sicherheiten und Strukturen, die menschlichen Gedanken und Handlungen zugrunde liegen. Denkstrategien, Annahmen und Erfahrungen hinter dem Gesagten werden bewusst und zum Gegenstand des Gespräches gemacht.

▶ Anregung für die Gruppe

Jeweils zwei Personen (A und B) sitzen einander gegenüber. A vertritt eine Meinung/Position, B stellt Nachfragen, die A wiederum beantwortet. Dabei darf B nur zwei Fragen verwenden:

- *Was meinst du genau mit …? (Ein von A verwendeter Begriff wird hinterfragt.)*
- *Welche Erfahrung steckt hinter deiner Aussage?*

Nach einigen Minuten wechseln beide Personen die Rollen.

Um dialogfähig sein zu können, sind wesentliche Kompetenzen zu beachten bzw. zu erwerben *(vgl. Hartkemeyer, 1998, 78ff.)*:

- So müssen wir die Haltung des/der Besserwissers/-in verlassen und in eine **Haltung des/der Lernenden** eintreten. Dies verlangt Offenheit von uns, Anfängergeist und die Bereitschaft, sich einzugestehen, dass ich nichts wirklich weiß.
- **Respekt** und Anerkennung des/der anderen ist eine weitere wesentliche Grundlage und Vorbedingung des Dialogs. Dies schließt auch eine empathische Haltung ein: Das Verstehen der Welt aus der Sicht des Gegenübers.

- **Offenheit** ist eine weitere Grundvoraussetzung für den gelingenden Dialog. Es geht dabei insbesondere um die Fähigkeit, von den eigenen Standpunkten loszulassen und sich von den Argumenten des/der anderen ansprechen zu lassen. Dies setzt nicht zuletzt zwischenmenschliches Vertrauen voraus, die Gewissheit, nicht manipuliert und instrumentalisiert zu werden. Dies ist gewissermaßen eine zu erbringende Vorleistung, für die ich mich entscheiden muss.
- »**Mich wirklich zeigen**« – damit ist Bereitschaft und Fähigkeit angesprochen, persönlich Wichtiges und Wesentliches auszusprechen und das Gegenüber daran teilhaben zu lassen.
- Die **Kunst des Zuhörens** ist gerade im wirklichen Dialog gefragt. Diese zuhörende Haltung kann mit Begriffen wie aktiv, zugewandt und mitfühlend beschrieben werden.
- Dialog ist auf die Schnelle nicht machbar. Die Begegnung im Dialog setzt eine **Verlangsamung** des Denkens und Redens voraus. »Ohne diesen Verlangsamungsprozess sind wir kaum in der Lage, die Bedeutung des Gedachten und seine Wirkung im Kontext unseres Verhaltens aufzuspüren. Und es ist ja ein wesentliches Ziel im Dialog, unabhängig zu werden von den dominierenden Programmen und sich kreativer neuen Aspekten der Welt öffnen zu können.« *(Hartkemeyer u.a., 1998, 84)*

Anregung für die Gruppe

Bei Gesprächs- oder Rückmelderunden kann folgendes Vorgehen zur Verlangsamung führen:

Ein Ball oder ein anderer Gegenstand liegt in der Mitte des Stuhlkreises. Jede/r, der/die etwas sagen will, muss in die Mitte gehen, um den Ball zu holen, wieder zum eigenen Platz zurückkehren, Stellung nehmen und, wenn er/sie fertig ist, den Ball wieder in die Mitte legen. Dieses gilt für jede/n, der/die etwas sagen möchte.

- Die bereits anfangs vorgestellten Ergebnisse der Erkenntnistheorie und Denkpsychologie heben hervor, dass wir die Welt, der wir begegnen, interpretieren vor dem Hintergrund biografischer Erfahrungen, erworbenen Vorwissens und persönlicher Annahmen. Diese **Selbstverständlichkeiten** wahrzunehmen und im Gespräch zu **suspendieren,** ist eine weitere Grundvoraussetzung für den geglückten Dialog.
- Hinzu kommt das **»produktive Plädieren«.** Hier wird folgendermaßen vorgegangen: »Lege deine Annahmen und Vorurteile offen. … Wenn du Zweifel an deinen Beobachtungen oder Schlüssen hast, teile sie den anderen mit. Wenn du einen Sachverhalt darstellst, ist es hilfreich, wenn du konkrete Beobachtungen zur Unterstützung deiner Argumentation hast. Wenn du Bewertungen vornimmst, zeige deutlich, woher sie stammen. … Ermutige die anderen, deine Sichtweise kennen zu lernen und zu überprüfen. … Denke daran, dass sowohl du selbst als auch andere völlig falsch liegen können.« *(Hartkemeyer u.a., 1998, 91f.)* – Und dass eine Position nicht falsch ist, sondern nur anders.
- Das Einnehmen einer erkundenden, fragenden Haltung ist zusätzlich für einen Dialog notwendig. Im Nachfragen zeigt sich diese Einstellung.
- Schließlich geht es darum, sich selbst zu beobachten, welche kognitiven und emotionalen Reaktionen mein Gegenüber und seine Argumentation bei mir auslöst. Auch nehme ich meine eigenen Gedankengänge bewusster wahr. »Beobachtete Gedanken verändern sich.« *(Hartkemeyer u.a., 1998, 94)*

Meine innere und äußere Situation verstehen, Wirkfaktoren und wechselseitige Einflüsse wahrnehmen können – dies sind auch wichtige Voraussetzungen für die persönliche Entscheidungsfähigkeit, einer weiteren Schlüsselkompetenz im sozialen Miteinander.

2. Ich weiß, was ich will

»Wenn du wissen willst, was du wirklich willst, schau, was du tust!«
(Adler; zit. in Speck, 1990, 33)

Anregung für Sie selbst

Wenn Sie Ihr tatsächliches Entscheidungsverhalten charakterisieren und ihm einen Titel geben wollten: Wie würde er lauten?
Folgende Imagination kann Sie bei der Beantwortung dieser Frage unterstützen: Holen Sie sich vor Ihr inneres Auge ein Gemälde, ein Theaterstück oder Konzert, bei dem Ihr Entscheidungsverhalten dargestellt wird. Farben, Klänge, Gerüche, Natur, Menschen …? Und unter welchem Motto findet dieses »Entscheidungsspektakel« statt? »Jetzt oder nie«, »The neverending story«, »Einmal entschieden, immer geblieben«, »Komm ich heute nicht, komm ich morgen«, »Besser lange getestet als ewig gefrustet« …?
Und jetzt sehen, hören, riechen, schmecken, tasten Sie innerlich, wie Sie sich Ihr Entscheidungsverhalten wünschen. Malen Sie sich Ihr inneres Bild dazu so konkret wie möglich aus, in Details und voller Lieblingsfarben, Wohlklängen und -gerüchen. Suchen Sie auch jetzt wieder ein passendes prägnantes Motto oder einen Sinnspruch dafür.
Fotografieren Sie das fertige Bild innerlich. Behalten Sie es möglichst genau und farbig vor Augen für die Zeit Ihrer Beschäftigung mit Entscheidungen, vor allem während der Lektüre diese Kapitels. Vielleicht heißt Ihr Motto ja dann »Ich weiß, was ich will«.

2.1 Zwischen Entscheidungsnot und Entscheidungschance

Vielfach benannt, dadurch nicht weniger aktuell, begleitet uns die Unsicherheit in den meisten Bereichen unseres Lebens in der Postmoderne. Vieles, was das Individuum von der (Kirchen-) Gemeinde, Gesellschaft oder dem Staat erwarten konnte, wird heute mehr und mehr im persönlichen Entscheidungsbereich verankert. Die Selbstverantwortung wird von Jahr zu Jahr größer geschrieben, allgemeingültige Werte und Normen greifen immer weniger.

Je weniger ich mich also auf andere Menschen verlassen kann, die für mich denken, oder auf Institutionen, »die's für mich schon richten«, desto mehr bin ich selbst gefordert, Entscheidungen zu treffen. Zusätzliche Entscheidungen kommen sogar noch hinzu. Durch die Veränderungen in Technologie und Gesellschaftsvollzügen werden die **Möglichkeiten** immer mehr und die Entscheidung über **Notwendigkeiten** immer dringlicher. Den Lebensabschnittsgefährten heiraten oder das Kind alleine großziehen, für ein Jahr ins Ausland gehen oder lieber am bekannten Ort bleiben, Handy statt/plus Festnetz anschaffen, Notebook statt/plus PC bedienen, Terminplaner oder elektronisches Notizbuch kaufen, in der Wissensgesellschaft die Entscheidung für oder gegen Weiterbildung, für CBT (Computer Based Training) oder Seminar, gegen die online-Fachzeitschrift, aber für die Tageszeitung, am Abend selber kochen oder den Pizza-Service anrufen … aber welchen … oder doch lieber indisch essen, die Operation ambulant oder stationär, von dem jungen Arzt mit den modernsten Methoden oder der Kapazität mit jahrzehntelanger Erfahrung, in dem kleinen Krankenhaus oder der großen Uniklinik?

Normalbiografien mit Grundrichtungen und Rahmenzeiten haben Entscheidungshilfen geliefert, haben »richtig« und »falsch«, »erwünscht und »geduldet« vorgegeben, waren Ordnungsschneisen in einer weitgehend norm- und wertgebundenen Welt (▷ *Kap 1., Band 2)*. Postmoderne und Pluralisierungstendenzen, Globalisierung und Individualisierung sind Zustandsbeschreibungen und Entwicklungsprozesse, die für uns zur Folge haben, in immer dichtere Netze von Entscheidungsnotwendigkeiten eingebunden zu sein. Deshalb scheint es dringend und hilfreich, die Entwicklung von Entscheidungskompetenz in Angriff zu nehmen. Informationssammlung ist gefragt, Pro- und Contra-Listen sind oft nicht wirklich hilfreich, die Klärung von Wünschen und Zielvorstellungen ist notwendig, die Bewertung von Möglichkeiten und Lösungsansätzen unabdingbar.

Neben diesen hauptsächlich bewusst und wissentlich gesteuerten Entscheidungsprozessen finden wir neuerdings wieder Forschungsergebnisse *(Damasio in Nuber 2000, 20ff.)*, die die Intuition als ausschlaggebend für Entscheidungen rehabilitieren. Jenseits von Zauberei wird hier die Grenze der bewusst verarbeit- und benutzbaren Informationen anerkannt, gleichzeitig werden die halb- oder unbewusst gespeicherten Informationen als wertvoll – weil emotionsgesteuert zugreifbar – eingeschätzt. Der Volksmund lehrt's und die Wissenschaftler belegen es. Neben Information verbessert Intuition gekoppelt mit sogenannten somatischen Markern (z.B. Grummeln im Bauch, verspannte Schultern, Herzklopfen, schwitzigen Händen usw.) sichtlich die Entscheidungsqualität: »Wie *fühlt* sich diese Entscheidung an?« »Ich hatte gleich so ein (un)gutes *Gefühl*.« »Mir war nicht *wohl* bei der Sache…« Mit *Herz und Verstand* sind wir in Entscheidungssituationen gut gerüstet.

Ziel dieses Kapitels ist es,

- Sie für individuelle Entscheidungssituationen zu sensibilisieren (▷ *»Bestandsaufnahme«, Seite 71)*,
- Einschätzungshilfen für Handlungsbedarf zu geben, Hilfestellungen gegen innere Verstrickungen, Aufschiebetendenzen und »Ich-kann-mich-nicht-entscheiden«-Situationen anzubieten (▷ *»Zielvorstellungen entwickeln«, Seite 85)*.
- Dabei fragen wir vor allem nach Ihren Ressourcen und Potenzialen und stärken Ihre Intuition (▷ *»Stärken, Ressourcen, Potenziale und Freiräume«, Seite 101)*.
- Schließlich laufen alle vorbereitenden Fäden zusammen und

Ihre Entscheidung kann getroffen und vor anderen Menschen begründet werden (▷ *»Entscheidungen treffen, dazu stehen und sie vor anderen vertreten«, Seite 112*).

Es werden Modelle vorgestellt, Selbsterkenntnis-Übungen, Techniken und Praxis-Testphasen wechseln einander ab und bauen aufeinander auf.

2.2 Mein Entscheidungsverhalten: Eine Bestandsaufnahme

Um sensibel zu werden für die schier unendliche Menge von Entscheidungen, die Sie täglich treffen, lohnt es sich, ein- oder mehrmals am Tag kurz inne zu halten: Listen Sie einfach im Rückblick ca. zweimal täglich die Entscheidungen auf, die Sie heute schon getroffen haben und an die sie sich noch erinnern. Nicht etwa nur weltbewegende Dinge sind gefragt, auch die Überlegung, ob Muskatnuss in die Suppe soll oder nicht, oder statt dessen Kreuzkümmel, welches Paar Schuhe Sie anziehen und ob Sie die Bücher heute oder morgen in die Bibliothek zurückbringen, hat Berechtigung, in Ihre Liste aufgenommen zu werden.

▶ **Anregung für Sie selbst**

Fertigen Sie eine Liste an mit Entscheidungen, die Sie im Laufe eines Tages getroffen haben.
Gehen Sie am Ende des Tages Ihre Liste erneut durch und überlegen Sie, wie zufrieden Sie für den Moment mit der jeweiligen Entscheidung sind oder waren. Kennzeichnen Sie sie entsprechend (++ für »sehr zufrieden«, + für »zufrieden«, 0 für »unentschieden«, – für »eher unzufrieden«, – – für »sehr unzufrieden«).

Entscheidungen, die ich heute im Laufe des Tages bereits getroffen habe.

Entscheidung	*Wie zufriedenstellend war die Entscheidung (++/+/0/–/– –)*	*Bedeutung für mein Leben (von 0–10)*

Kategorisieren Sie die Entscheidungen zusätzlich auf einer Skala von 0 bis 10 bezüglich ihrer Bedeutung für Ihr Leben. Dabei heißt 0 »keine Bedeutung« und 10 »sehr hohe Bedeutung« für mein Leben. Bilanzieren Sie, indem Sie alle Entscheidungen des Tages addieren und anschließend überprüfen, wie viele davon auf der Skala von 0–5, wie viele von 5–10 stehen.

Was bedeutet das Ergebnis für Sie? Vielleicht stellen Sie fest, dass Sie vor allem bei Entscheidungen von geringer Bedeutung viele Unzufriedenheitswertungen abgegeben haben, aber für Entscheidungen von hoher Bedeutung hohe Zufriedenheitswerte erkennen.

Noch eine Erkenntnis könnte die Zeitschätzung einbringen. Wie viel Zeit verwende ich für welche Kategorie der Entscheidungen? Und steht das im Einklang mit meiner Vorstellung, wofür ich wie viel Zeit verwenden will?

Ziel der vorangegangenen Übung ist es, sich über mehrere Dinge bewusst zu werden, vor allem:

- über die Allgegenwart von Entscheidungen,
- Entscheiden als »Normalzustand« anzuerkennen,
- sich das eigene Entscheidungsverhalten zu verdeutlichen,
- Regelmäßigkeiten und Muster zu erkennen bei der Frage »Was ist es, was mich mit einer getroffenen Entscheidung zufrieden bzw. unzufrieden sein lässt?«,
- möglicherweise zu erkennen, dass eine Veränderung in Ihrem Entscheidungsverhalten sinnvoll ist.

Um das zu vertiefen, lohnt es sich, mit den folgenden Fragen weiterzuarbeiten.

Anregung für Sie selbst

Mein persönlicher Umgang mit Entscheidungen

- *Welche konkreten Entscheidungsprobleme hatte ich in letzter Zeit?*
- *Woran bemerke ich an mir, dass ich in einem Entscheidungsdilemma stecke (körperlich, emotional, geistig)?*
- *Was sind meine typischen, üblichen Reaktionen in Entscheidungsprozessen?*
- *Welche inneren Hindernisse stehen mir beim Entscheiden im Weg?*
- *Welche äußeren Hindernisse stehen mir im Weg?*
- *Was würde ich in Zusammenhang mit Entscheidungen als meine Stärken bezeichnen?*
- *Was würde ich als meine Schwächen bezeichnen?*
- *Welche Hilfestellungen benutze ich, wenn ich mich in einem Entscheidungsprozess befinde?*

▶ Anregung für die Gruppe

Die Teilnehmer/-innen erarbeiten in Einzelarbeit den Fragebogen, tauschen sich anschließend paarweise über Parallelen und Unterschiede der individuellen Entscheidungsmuster aus.

Ziele und Auswertungsanregungen:

- *Welche typischen individuellen Verhaltensmuster bezüglich Entscheidungen können Sie erkennen?*
- *Erkennen Sie die Relativität von Stärken und Schwächen und wie gehen Sie damit um? (Das was ich bei mir für eine Schwäche halte – z.B. Entscheidungen aufschieben –, nennt mein/e Partner/-in »eine Nacht drüber schlafen« und bezeichnet es als Stärke, überlegt und mit Abstand zu handeln.)*
- *Für wie notwendig und brauchbar halten Sie welche Hilfestellungen und Unterstützung Ihrer Mitmenschen (social support) in Entscheidungssituationen?*
- *Welche eigenen »Frühwarnsignale« bezüglich Entscheidungsdilemmata können Sie erkennen?*

Alltagsgebaren, Routinen und Reflexe können unser Leben erleichtern. Wenn aber Entscheidungsverbesserung, Effizienzsteigerung oder geringere Belastung das Ziel ist, lohnt sich der Versuch der Veränderung. Diese erreichen wir bei lebenspraktischen Kompetenzen vor allem dadurch, dass wir zuerst eine Standortbestimmung versuchen, den Blick bei den vorhandenen Abläufen sowohl auf Potentiale, aber nicht zuletzt auch auf Hürden und Hindernisse legen, um gezielt die Veränderungsarbeit aufnehmen zu können.

Sich **innere Überzeugungen** bewusst zu machen und gegebenenfalls zu verändern gehört zu einem der ersten Schritte, Entscheidungsproblemen auf die Schliche zu kommen und an der individuellen Entscheidungskompetenz zu arbeiten:

»Alleine darf ich/kann ich nichts entscheiden«, »Fehler machen ist tragisch«, »Ich muss 150%ig sicher gehen«, »Ich möchte es möglichst allen recht machen«, »Man muss zu einer einmal getroffenen Entscheidung stehen« … Sätze wie diese können Ihre Entscheidungssituationen zu einem verzweifelten Tanz zwischen »entweder – oder« machen und letztendlich leicht in Erstarrung statt in Bewegung enden (▷ *Band 3, Kapitel Fehlerfreundlichkeit).* Wenn ich immer schon die möglichen Fehler und Versäumnisse, also die Defizite einer wie auch immer getroffenen Entscheidung vor Augen habe, scheint es eher näher zu liegen, den Kopf in den Sand zu stecken, als die Entscheidungssituation als Herausforderung, als Lebensbejahung, als Notwendigkeit anzusehen. Wichtig ist, statt einer einseitigen Orientierung an in der Vergangenheit passierten und in Zukunft möglichen Fehlern den Blick auf die vorhandenen individuellen Entwicklungsmöglichkeiten zu lenken. Fehler können als nur in diesem bestimmten Kontext unbrauchbare Lösung begriffen werden *(Seitz, 1998)* und sie sind nicht zuletzt zutiefst menschlich.

Möglicherweise hilft Ihnen die **»worst-case«-Vorstellung:** »Ich treffe immer die falsche Entscheidung«. *(Für diesen Gedanken, der mir persönlich in erster Linie Verunsicherung und erst später Anregung war, danke ich Dr. Kira Kröger.)* Lassen Sie sich für ein paar Minuten am Beginn des Tages verunsichern durch diese Provokation: »Sie werden immer die falsche Entscheidung treffen.« Wenn Sie sowieso immer die falsche … was ist also falsch daran? Nichts! Stellen Sie sich vor, was ist, wenn Sie immer, wirklich immer die falsche Entscheidung treffen! Leicht bekommen wir durch solche Vorstellungen existentielle Ängste, Vernichtungsgefahr scheint zu drohen: »Ich werde unter der Brücke enden«, »Niemand mag mich mehr«, »Ich werde nirgendwo mehr arbeiten können«, »Alle werden über mich lachen« … Und das ist auf den kleinsten gemeinsamen Nenner gebracht, die Angst vor einer falschen Entscheidung: dass wir sie nicht überleben – finanziell, gesellschaftlich, psychisch, letztendlich physisch *(Gronemeyer, 1993)*. Unsere Sterblichkeit wenigstens gedanklich anzuerkennen, sie nicht mehr komplett zu tabuisieren – diese mentale (und emotionale wie nicht zuletzt spirituelle) Übung kann helfen, die Zerrissenheit, die Tragik, das Leiden und den Absolutheitsanspruch aus einzelnen, täglichen, aber auch lebensumfassenden Entscheidungen herauszunehmen.

Im Zusammenhang mit Entscheidungsfindung können **zwei Erklärungsmodelle** helfen, die inneren Prozesse zu veranschaulichen. Diese Modelle dienen auch dazu, in aktuellen Entscheidungssituationen eine Ist-Analyse zu erstellen. Diese wiederum kann die Grundlage für Ihren anstehenden Klärungsprozess sein.

1. Modell: Intrapersonelle Konflikte

Entscheidungssituationen liegen so genannte intrapersonelle Konflikte (also Konflikte, die sich in uns selbst abspielen) zugrunde. Sie werden gemeinhin nach ihrer Anreiz- (=Appetenz)- bzw. Abneigungs- (=Aversions-)Tendenz, die sie in uns auslösen, klassifiziert *(Berkel, 1995)*. Vielfach wenden wir ungeklärte innere Konflikte nach außen (▷ *Kap. 3 in diesem Buch »Aushandlungskompetenz«*).

- **Appetenz-Appetenz-Konflikte**
  Beide zur Verfügung stehenden Alternativen bieten einen gleich großen Anreiz. Zum Beispiel: »Will ich am Wochenende Skifahren gehen oder einen Kulturtrip nach Hamburg machen?«
- **Appetenz-Aversions-Konflikte**
  Eine Alternative mit Anreizcharakter steht einer Alternative

mit Abneigungscharakter gegenüber – der typische innere Konflikt zwischen Wollen und Sollen. Zum Beispiel: »Ich würde gerne am Wochenende faulenzen, sollte aber an meinem Buch-Manuskript weiterarbeiten« (oder: ... die Wohnung putzen, die Familie besuchen, Sport machen).

- **Aversions-Aversions-Konflikte**
  Zwei Alternativen mit Abneigungscharakter stehen einander gegenüber. Zum Beispiel: »Ich will nicht arbeiten, ich will aber auch nicht ohne Geld sein.«

Anregung für Sie selbst

Sammeln Sie auf einem Blatt Papier die besonders herausragenden inneren Entscheidungskonflikte, die Ihnen in der letzten Woche widerfahren sind. Und danach die ganz alltäglichen inneren Entscheidungssituationen von heute (z.B. »Ziehe ich heute das geliebte grüne Kleid oder die geliebte schwarze Hose an?«, »Sollte ich eher gesundes Müsli oder will ich lieber eine üppige Nutellasemmel zum Frühstück essen?«).
Ordnen Sie die gefundenen inneren Konflikte jetzt der passenden oben genannten Klassifikation von intrapersonellen Konflikten zu.

Wie haben Sie diese inneren Konflikte jeweils bewältigt?
Sind die Entscheidungen eher zugunsten des Wollens oder des Sollens ausgefallen?
Wie haben Sie innerlich mit sich verhandelt? Ist das beobachtete Verhalten ein für Sie typisches Verhalten? Müssen z.B. erst die Aufgaben erledigt sein, die Sie tun sollen, damit dann die »Appetit«-Anreger drankommen dürfen? Oder hängen Sie so lange mit Ihrem inneren »Wenn und Aber« in der Luft, bis äußere Notwendigkeiten für Sie entscheiden? Was erlauben, was verbieten Sie sich besonders leicht, was besonders schwer?

▶ **Anregung für die Gruppe**

Nach der Einzelarbeit regt der/die Leiter/-in einen strukturierten Austausch der Gruppe über individuelle innere Konfliktkombinationen an. Sinnvoll ist es, wenn er/sie mit eigenen Beispielen eröffnet, wie: »Einer meiner typischen Appetenz-Appetenz-Entscheidungskonflikte ist ... und ich reagiere darauf, indem ich ...«. Der Reihe nach nennen die Teilnehmer/-innen ihre Entscheidungskonflikte zur jeweils angekündigten Kategorie. Schön ist, wenn dafür ein Plakat mit der Aufschrift des jeweiligen Konflikttyps in der Kreismitte liegt und jede/r bei Nennung des typischen Entscheidungsdilemmas zu dem Plakat in die Mitte tritt und dort stehen bleibt.

Ziele und Auswertungsanregungen: Wie bewusst sind mir (welche) inneren Entscheidungskonflikte? Wie hängen intrapersonelle und zwischenmenschliche Entscheidungsprobleme zusammen?

Einen weiteren, differenzierten Blick auf die Ist-Situation einer Entscheidung erlaubt das Modell des »Inneren Teams«. Beide Modelle sind auch gekoppelt anzuwenden.

2. Modell: Das Innere Team

Zur tragfähigeren **Bewältigung von Entscheidungssituationen** hat *Friedemann Schulz von Thun (1998)* eine alltagsnahe, praktische und handhabbare Methode vorgestellt: die Arbeit mit dem »Inneren Team« (▷*auch Kap. 1, Seite 41ff.*). In den letzten Jahrzehnten eher noch in der Psychopathologie bei den Themen Schizophrenie und multiple Persönlichkeiten beheimatet, wird die Arbeit mit inneren Stimmen mit seinem Buch »Miteinander reden, 3. Das Innere Team und situationsgerechte Kommunikation« gesellschaftsfähig. Auch der Zusammenhang zwischen inneren und sozialen Konflikten, den Austausch-, Verschiebungs- und Übertragungsprozessen (▷ *2.4, Seite 101*) wird durchschaubar beleuchtet.

▶ Anregung für Sie selbst

Um es gleich an einem eigenen Fall auszuprobieren: Nehmen Sie sich eine Ihrer bei der letzten Übung aufgelisteten Entscheidungssituationen heraus. Horchen Sie in sich hinein. Fragen Sie:

- *Welche inneren Stimmen melden sich zu der einen oder anderen Alternative?*
- *Was haben diese Stimmen jeweils zu sagen, was geben sie mir für eine Nachricht? (Formulieren Sie ruhig in direkter Rede.)*
- *Welchen Namen gebe ich diesen Stimmen, wenn ich sie mir als einzelne Personen vorstelle? (Hier dürfen Sie ruhig pingelig sein. Feilen Sie so lange, bis der Name wirklich passt und identisch ist mit der Botschaft dieser inneren Stimme.)*
- *Und weiter: Wer von den Stimmen vertritt welche Meinung und wie könnte ich diese Stimmen zu aller Zufriedenheit vereinen?*

Ich möchte diesen inneren Dialog am Beispiel des Appetenz-Aversions-Konfliktes (Nutellasemmel kontra Müsli) verdeutlichen:

Wer in mir sagt das mit dem Müsli? … Die Gesundheitsbewusste, aha. Noch jemand da, die meint, ich sollte heute Müsli zum Frühstück essen? … Die Bequeme, was meinst du denn hier zu diesem Thema? Ach, weil ich mich nach der Nutellasemmel in einer Stunde schon wieder um Essen kümmern muss und Müsli länger vorhält, ah ja. Und: Die Öko-Vertreterin, wegen der umweltverträglicheren Anbauweise meiner Müslibestandteile im Vergleich zu konventionell gefertigtem Nutella … oh. Und dann meldet sich da noch das Schleckermäulchen, die nach Süßem ruft, die Genießerin, die Müsli kauen absolut anstrengend findet und die …

Um das Innere Team wahrzunehmen, ist es hilfreich, die Aufmerksamkeit nach innen zu richten, sich eine Bühne vorzustellen,

auf der der Reihe nach die inneren Stimmen als Schauspieler erscheinen und ihren Text und ihren Namen preisgeben. Sie selbst sind Regisseur/-in und hören zu Beginn vor allem genau hin, haben einen guten Platz in der Mitte des Parketts. Wenn alle Stimmen auf der inneren Bühne versammelt sind, schaffen Sie aus dem anfänglichen Chaos Ordnung mit dem Ziel, zu einer guten, authentischen Aufführung zu kommen. In unserem Beispiel geschieht das über die Frage nach gemeinsamen Interessen: »Wie können wir alle zur Verwirklichung unserer Anliegen kommen?« Sie als Regisseur/-in sind das Oberhaupt, interessieren sich für die Stärken und Bedürfnisse der jeweiligen Stimme, befragen sie einzeln danach und sorgen dafür, dass alle zu Wort kommen. Erst dann entscheiden Sie als Oberhaupt über Stück, Besetzung und künstlerische Ausgestaltung in der jeweiligen Situation.

Eine Möglichkeit könnte sein, gar nicht nach »entweder – oder« zu fragen, sondern nach »sowohl – als auch«, dass nicht im Focus steht, was trennt, sondern das, was verbindet. Die Entscheidung könnte in unserem Beispiel darin liegen, dass Müsli und Nutella zum Zug kommen, im Verhältnis 3/4 zu 1/4 (weil sich auch noch die Gewichtsbewusste gemeldet hat), das Müsli am Abend vorher eingeweicht wird (Tribut an die Genießerin), dass nicht Nutella, sondern das Äquivalent aus dem Bioladen gekauft wird (dann könnte die Öko-Vertreterin zufrieden sein).

Die Schrittabfolge bei der Arbeit mit dem Inneren Team im Einzelnen *(Schulz von Thun, 1998):*

▶ Arbeits-Checkliste

Wie viele Seelen, ach, in meiner Brust?

Situationsgerechtes Entscheiden mit Hilfe des Inneren Teams

1. Schritt: Identifikation der inneren Stimmen

- *Wie viele melden sich zu Wort?*
- *Wie lauten die Botschaften dieser »inneren Teammitglieder«?*
- *Welche Namen können Sie den einzelnen Mitgliedern geben?*

2. Schritt: Anhörung der Einzelstimmen

- *Wie lautet die ausführliche Botschaft jedes einzelnen inneren Mitglieds?*
- *Jede Stimme kommt ohne Unterbrechung der anderen der Reihe nach zu Wort!*
- *Keine Diskussion an dieser Stelle!*

3. Schritt: Freie Diskussion zulassen und anregen

- *Eröffnung der Diskussion*
- *Zulassen und aushalten auch wilder und sich im Kreis drehender innerer Beiträge*
- *Oberhaupt/Regisseur/-in hört genau zu und achtet auf die Dynamik*
- *Oberhaupt/Regisseur/-in achtet auf die inhaltlichen und emotionalen Hauptpunkte und fokussiert sie.*

4. Schritt: Moderation und Strukturierung durch das Oberhaupt

- *Oberhaupt/Regisseur/-in fasst das Ergebnis der Anhörung und der Diskussion zusammen:*
- *Worum geht es in der Hauptsache?*
- *Wer vertritt welche Position?*
- *Wo beißen sich und wo kooperieren Positionen oder Teilstücke?*

5. Schritt: Brainstorming

- *Oberhaupt/Regisseur/-in/Moderator/-in eröffnet die Suche nach Lösungsideen.*
- *Frage nach wertvollen Teilstücken jeder Position, Interessen hinter der jeweiligen Position, Erweiterbarkeit der kognitiven Struktur*

6. Schritt: Entwurf einer integrierten Stellungnahme (Entscheidung)

- *Unter Wertschätzung und Maßgeblichkeit jeder inneren Stimme*
- *Mit dem Ziel, jede Stimme nach Ihrer Gewichtigkeit zu berücksichtigen*

Anregung für die Gruppe

Ein/e Teilnehmer/-in erzählt den eigenen Fall eines Entscheidungsproblems. Die anderen denken sich in den Fall hinein und malen die inneren Stimmen, die bei ihnen dazu laut werden mit Namen und einem typischen Satz pro innerer Stimme auf ein Blatt.

Jede/r identifiziert sich mit seiner/ihrer lautesten oder prägnantesten inneren Stimme, schreibt sich dafür ein »Namensschild« und geht mit allen anderen durch den Raum und stellt sich dabei den anderen vor und probiert für diese Stimme typische Sätze, Mimiken, Tonfälle, auch Dialoge mit anderen Stimmen. Es gibt ein ziemliches Stimmengewirr, an manchen Stellen schaukeln sich Stimmungen auf, an manchen Stellen lösen sich Spannungen.

Nach ca. 5 bis 8 Minuten steigt der/die Leiter/-in mit dem Namensschild »Oberhaupt« auf einen Stuhl, bittet nacheinander um die Nennung der Namen und eines Satzes.
Der/die Fallgeber/-in wählt aus den gehörten Stimmen diejenigen, die mit den eigenen inneren Stimmen übereinstimmen. Diese setzen sich mit ihren Namensschildern in einen Innenkreis, die anderen gehen als Beobachter/-innen in den Außenkreis. Der/die Leiter/-in moderiert als Oberhaupt im Innenkreis die Schritte 3–6 aus obiger Checkliste.

Anschließende Reflexion in mehreren Phasen:

- *Reflexion zwischen Leiter/-in und Fallgeber/-in: Wie adäquat hat eine Abbildung der inneren Situation in äußere Prozesse stattgefunden? Wo werden Parallelen, wo Unterschiede festgestellt? Wo gab es »Aha-Effekte« für den/die Fallgeber/-in? Wo ist ihm/ihr ein Licht aufgegangen? Wo sind bisher unbeachtete Verständnis- und Erklärungsansätze aufgefallen?*
- *Reflexion mit den Beobachtern aus dem Außenkreis: Wie ist die Dynamik der Stimmen erlebt worden? Wer hat mit wem kooperiert, wer hat wem das Wasser abgegraben, (wie) ist eine Einigung zustande gekommen? Ist eine oder sind mehrere Stimmen nicht auf ihre Kosten gekommen?*
- *Die Stimmen im Innenkreis sagen, wo sie sich durch die Wahrnehmung und Einschätzungen von dem/der Fallgeber/-in, Oberhaupt und Beobachtern wiedererkennen und/oder wo Motive und Verhalten von dem abweichen, was die anderen beobachtet oder interpretiert haben.*

(Die Anregung zu dieser Übung verdanken wir Elisabeth Bauer und David Keel.)

Die gezielte Arbeit mit den inneren Stimmen wirkt hin auf eine innere Gruppenentscheidung bzw. Teamentwicklung. Und es funktioniert über das **Aushandeln** (▷ *Kap. 3 in diesem Buch über Aushandlungskompetenz).* Ich handle mit inneren Motiven und Strebungen. Und um nicht Gefahr zu laufen, sich heillos in dem Gewirr zu verstricken, hilft die innere Distanzierung über die Vorstellung, selbst ein/e Regisseur/-in zu sein, die Stimmen sind die Schauspieler/-innen. Dabei ist es meine Aufgabe, die Fäden in der Hand zu behalten, alle Schauspieler/-innen (Stimmen) ihrer Fähigkeit gemäß einzusetzen und ein »spielbares Ganzes« anzustreben.

Ein **Grundsatz** sollte dabei unbedingt beachtet werden: Alle inneren Stimmen haben eine »Lebensberechtigung«, es gibt einen Grund, warum sie da sind (sollte Sie die Existenz einer oder mehrerer Stimmen überraschen oder Ihnen nicht erklärbar sein, könnte vielleicht die Frage nach der lebensgeschichtlichen Bedeutung dieser Stimmen helfen). Sollte ich versuchen, eine oder mehrere Stimmen auszugrenzen oder nicht anzuhören, werden es genau diese sein, die die Entscheidung boykottieren – oder zumindest ihre Energie zur Lösung nicht zur Verfügung stellen; wie im »richtigen Leben«, in Team- oder Gruppenkonflikten auch.

Es lohnt sich das eigene »Innere Team« kennen zu lernen, mit ihm in kniffligen, wichtigen oder belastenden Entscheidungssituationen zu arbeiten, es zu Hilfe zu holen – es nicht zuletzt auch mit seinen Stammbesetzungen, wechselnden Statisten, Protagonisten und Nebendarstellern, zu ergründen. So kommen Sie mit der Zeit Verhaltens- und Entscheidungsmustern auf die Spur, können zunehmend erkennen, welche die treibenden Kräfte in Ihrem Inneren sind, wer selten zum Zug kommt und warum. Und möglicherweise gewinnen Sie die innere Freiheit, Umbesetzungen auf Ihrer Bühne vorzunehmen und dadurch äußere Freiheit in Ihren Entscheidungen.

2.3 Zielvorstellungen entwickeln

»Ideale sind wie Sterne. Wir erreichen sie niemals, aber wie die Seefahrer auf dem Meer richten wir unseren Kurs nach ihnen.«

(Carl Schurz)

Um Entscheidungssicherheit zu gewinnen, nützt ein übergeordnetes System aus Idealen, Visionen und Werten, obwohl diese heute immer weniger bzw. nicht mehr für eine ganze Gesellschaft gültig, auch selten über einen gesamten Lebenszeitraum sinnvoll sind. Es gilt also, sich individuell und situativ der eigenen Visionen, Leitbilder, der zugrunde liegenden Wertvorstellungen und konkreten Zielvorstellungen bewusst zu werden. So können bisher ferne und abstrakte Wünsche zu erreichbaren Zielen werden.

Um Werten, die unseren Wünschen und Zielen zugrunde liegen, näher zu kommen, kann die folgende Schreibmeditation hilfreich sein.

▶ Anregung für Sie selbst und für die Gruppe

Welche Werte beeinflussen meine Entscheidungen?

Die Teilnehmer/-innen erhalten ein leeres Papier und werden gebeten, zu den nachfolgenden Impulsfragen Gedanken niederzuschreiben. Gegebenenfalls wird leise Musik dazu gespielt.

- *Welche Assoziationen fallen mir zum Begriff »Entscheidung« ein?*
- *Notieren Sie eine Entscheidungssituation aus der jüngeren Zeit. Wer war beteiligt? Welche Alternativen gab es? An welche Gedanken, die Ihnen in dieser Situation durch den Kopf gingen, erinnern Sie sich?*
- *Welche Werte haben Sie bei Ihrer Entscheidung geleitet? Was sollte bei der Entscheidung auf gar keinen Fall passieren? Welche Erwartungen und Ansprüche hatten Sie an Ihre Entscheidung? Was wollten Sie erreichen?*
- *Welche Mahnworte, Mottos, Botschaften Ihrer Eltern oder wichtiger Eltern-Figuren sind Ihnen in dieser Situation durch den Kopf gegangen.*
- *Betrachten Sie nun die Werte, die Sie in Ihrer Entscheidung geleitet haben: Sind sie typisch für Ihr allgemeines Entscheidungsverhalten? Wie leicht oder schwer erreichbar kommen sie Ihnen vor? Erscheinen Ihnen diese Werte eher als Hilfestellung oder als Blockade für Entscheidungen? Sind es Werte, zu denen Sie für sich ja sagen können oder eher*

Werte, die Ihnen fremd vorkommen (die letzten Fragen jeweils mit Werten auf einer Skala von 0–10 versehen)?

- *Formulieren Sie ein abschließendes Fazit mit Hilfe der Satzanffänge: »Bei meinen Entscheidungen leiten mich ... Dies hilft mir bei ..., bewahrt mich vor ... und erlaubt mir ...«*

Abhängigkeiten und bewusste Entscheidung

Noch bevor wir uns darauf einlassen können, eigene Werte, Visionen und Ziele zu formulieren, bremst uns leider oft die schier unüberwindliche Hürde der vermeintlichen oder tatsächlichen Abhängigkeit von Zielen und Wunschvorstellungen anderer. Ehepartner/-in, Kinder, Verwandtschaft, Kollegen, Freunde – manchmal stellen wir deren tatsächlichen oder vermuteten Ziele über unsere, leiden an dem für uns daraus entstehenden »Ich muss«, »Ich sollte«, »Ich würde gerne ..., aber...« und fühlen uns alles andere als selbstbestimmt in unserem Leben. Gerade auch, weil dem »Wissen, was ich will« in unserer Gesellschaft der Altruisten schnell das Etikett des Egoismus, ja sogar Egozentrismus mit einer durchaus kritisch-negativen Bedeutung anhängt.

Um sich in dieser Zerreißprobe ein Stück auf die Spur zu kommen, bietet die nächste Übung Gelegenheit:

▶ Anregung für Sie selbst

Schreiben Sie auf ein Blatt Papier zwölf Sätze auf, die mit »Ich muss« beginnen und die jeweils auch Ihrer Überzeugung entsprechen (Beispiele: »Ich muss sonntags meine Mutter anrufen«, »Ich muss essen«, »Ich muss mich um meine Kinder kümmern«, »Ich muss arbeiten« ...)
Lassen Sie diese Sätze auf sich wirken und überprüfen Sie Ihre »Ich muss«-Sätze daraufhin, ob Sie wirklich müssen oder ob Sie auch andere Möglichkeiten hätten. Wenn dies der Fall ist, Sie sich aber trotzdem für diese erste

Möglichkeit des Handelns oder Lebens entschieden haben, schreiben Sie diese Sätze noch einmal auf, aber ersetzt Sie dabei »Ich muss …« mit »Ich entscheide mich für …«

Lassen Sie sich Zeit wahrzunehmen, was Sie empfinden, wenn der Satz nun mit »Ich entscheide mich für …« anfängt. Dann fügen Sie dem Satz etwas an, was Ihnen dazu einfällt. Zum Beispiel »Ich entscheide mich, meine Arbeit beizubehalten. Ich fühle mich sicher und geborgen.« Nehmen Sie Ihre Gefühle und deren Veränderung wahr, zwischen einem Satz, der mir »Ich muss …« beginnt, und dem, dem Sie ein »Ich entscheide mich für …« vorangestellt haben. (Fiederle, 1985)

»Ich muss« kann von inneren oder äußeren Stimmen formuliert werden und signalisiert wenig Freiheit und eine überwiegende Fremdbestimmtheit. »Ich entscheide mich für« holt scheinbare Notwendigkeiten, eherne Regeln und vermeintlich festgefügte Rituale in den Kreis des Selbstbestimmbaren und Beeinflussbaren zurück.

Um also eigenen Wünschen und Zielen überhaupt näher zu kommen, hilft die selbsttätige Versicherung darüber, dass ich Entscheidungsspielraum habe, dass hinter vielem »müssen« eine einmal getroffene Entscheidung steckt. Dort wo sie nicht mehr gültig ist, sich überholt hat oder neue Ziele entstanden sind, lohnt sich der Versuch deutlicher und mutiger Klärung und Formulierung. Gegebenenfalls muss oder kann die Entscheidung zurückgenommen oder auf die neue Situation oder Befindlichkeit angepasst werden.

Befinden Sie sich in einer Situation, in der frühere Entscheidungen überholt, neue Lösungen aber noch nicht greifbar sind? Spüren Sie darüber ein mehr oder weniger diffuses Unbehagen, wissen aber noch nicht so richtig, woher Richtlinien für neue Entscheidungen kommen können und wie diese aussehen könnten? Eine Möglichkeit ist, sich auf eine Reise zu Ihrer inneren Weisheit zu begeben, um den Fragen, die sich in dieser Situation stellen, auf die Spur zu kommen.

▶ Anregung für Sie selbst und für die Gruppe

Reise zu meiner Intuition

1. *Setzen Sie sich bequem und in »Kutscher-Haltung« auf einen Stuhl; Beine stehen hüftbreit und mit vollem Bodenkontakt der Füße. Schließen Sie die Augen. Atmen Sie einige Male bewusst und tief ein und aus. Stellen Sie sich nach einigen ruhigen Atemzügen beim Einatmen vor, wie Sie die Kraft der Erde durch Ihre Füße einsaugen und sie durch Sie hindurchströmt, Ihren Körper hinauf. Beim Ausatmen entwickeln Sie die Vorstellung, wie das Licht der Sonne über Ihren Scheitelpunkt am Kopf in Ihren Körper fließt und Sie innerlich durchflutet. Lassen Sie mit der Zeit verspannte Schultern los, legen Sie die Zunge im Mund auf den Boden. Versuchen Sie in Ihrer Vorstellung, die Augen in Ihre Höhlen zurückzuziehen, als wollten sie sich für kurze Zeit von den Lidern entfernen.*
2. *Gehen Sie gedanklich auf einen Spaziergang, einen Weg entlang, der Sie über Wiesen, einen Berg, durch einen Wald führt. Sie kommen an einen Fluss, an dem ein Boot liegt. Sie haben einen Gegenstand dabei, den Sie nicht mehr brauchen. Sie legen ihn in das Boot, verabschieden sich von ihm und machen das Boot los. Sie verfolgen das Boot noch kurz mit den Augen, und wenn es am Horizont verschwindet, setzen Sie Ihren Weg fort.*
3. *Sie gehen vom Fluss weg über einen Hügel und sehen in der Ferne ein Haus, das von Grün eingewachsen am Fuß eines Berges steht. Dorthin zieht es Sie.*

4. *Das Haus hat eine besondere Eingangstür. Sie verweilen einige Minuten davor, um sie genau anzusehen. Wie sieht sie aus?*
   Die Tür ist angelehnt und Sie treten hindurch und wenn sich Ihre Augen an die Dunkelheit gewöhnt haben, sehen Sie einen Menschen lächelnd und Sie willkommen heißend am anderen Ende des Raums stehen. Ist es Mann oder Frau? Der Mensch scheint auf Sie gewartet zu haben, denn er gibt Ihnen ein Kuvert mit Ihrem Namen darauf. Sie bedanken sich, verabschieden sich schweigend, und bevor Sie durch die Tür hinausgehen, steht dort auf einem Tisch eine Schale, in der – wie Sie plötzlich wissen – ein Geschenk für Sie liegt. Sie sehen es, nehmen es und machen sich auf den Weg. Ihr Ziel ist der Gipfel des nahen Berges.
5. *Sie sitzen auf dem Gipfel und legen das Geschenk vor sich hin – was ist es? Sie sehen es sich genau an. Und Sie öffnen den Briefumschlag und finden einen Zettel mit einem Satz. Was steht auf dem Zettel geschrieben? Sie verweilen noch ein paar Minuten, bevor Sie sich verabschieden und sich an den Abstieg, den Heimweg und den Weg ins »Hier und Jetzt« zurück machen.*
6. *Atmen Sie noch ein paar Male bewusst und tief ein, blinzeln Sie erst vorsichtig mit den Augen, bevor Sie sie öffnen, strecken und dehnen Sie Ihren Körper.*
7. *Nach ein paar Minuten Pause nehmen Sie sich Stift und Papier und notieren Ihren Reisebericht: Wie sah die Landschaft aus, in der Sie gewandert sind, was haben Sie im Boot fortgeschickt, wie sah die Eingangstür aus, was war das Geschenk und was stand auf dem Zettel im Kuvert? Was bedeuten Ihnen diese Dinge allgemein; was im Zusammenhang mit Ihren Zielen, neuen und alten, was in Zusammenhang mit Ihren momentanen Entscheidungssituationen? Bleiben Sie zu Beginn eng an der Symbolik Ihrer Bilder und lassen Sie sich Zeit mit der Entschlüsselung.*

Auswertungshilfen zur »Reise zu meiner Intuition«

Wie leicht/schwer ist das Ufer zum Boot zugänglich? Wie sieht das Boot aus – ist es eine »Nussschale« oder ein Ozeandampfer? Wie nimmt das Boot Ihren Gegenstand auf, den Sie mit sich führen? Wie ist der Fluss beschaffen – ein gemächlich dahin fließender Strom, ein reißender Gebirgsbach? Hat er viel/wenig Wasser? Was hat der Gegenstand, den Sie ins Boot legen, mit dem Verhalten oder der Entscheidung oder dem Teil Ihres Lebens zu tun, von dem Sie sich verabschieden wollen?

Wie sieht das Haus aus, auf das Sie zugehen (Größe, Bauart, Farbe, Besonderheiten)? Gefällt es Ihnen? Erinnert es Sie an ein Haus, das Sie kennen?

Wie sieht die Eingangstür aus – aus welchem Material ist sie, wie groß ist sie, welche Gestaltungsmerkmale hat sie?

Was für ein Gefühl entwickeln Sie zu dem Mann oder der Frau, der/die auf Sie wartet? Ist es jemand, den/die Sie kennen? Welche Attribute hat dieser Mensch (weiße Haare, ruhige Augen, ein runzliges Gesicht …) und was bedeuten sie für Sie?

Wie sieht das Kuvert aus, wie nehmen Sie es – ehrfürchtig, ungeduldig, zögernd …?
Und das Geschenk – was ist es, was löst es in Ihnen aus, was tun Sie damit? Sie sitzen auf dem Gipfel des Berges – scheint gerade die Sonne? Was sehen Sie ringsum?

Welche Botschaft hat das Geschenk, das vor Ihnen liegt und der Satz auf dem Zettel im Kuvert – wie lautet er und welche Bedeutung haben diese Dinge in Bezug auf die für Sie anstehende Entscheidung?

Um mit den Ergebnissen der Imaginationsübung weiterzuarbeiten ist es wichtig, dass Sie sich

1. Ihre Wünsche, Utopien, Visionen vor Ihrem geistigen Auge bunt, kreativ und ansprechend in allen Einzelheiten ausmalen;
2. daraus Ihre konkreten Ziele ableiten. Formulieren Sie sie positiv, konkret, erreichbar und messbar;
3. vorstellen, wie die Situation ausähe, wenn Sie die Ziele schon erreicht hätten. Was ist anders, wenn Sie sie erreicht haben? Wie fühlt sich das an? Was sehen, hören, schmecken, riechen, tun Sie dann?

Zielvereinbarung mit sich selbst

Beispiel: Wohngemeinschaft im Alter

Sie bemerken, dass Ihnen bang wird, wenn Sie die öffentliche Diskussion um Alter, Pensionierung, Pflegebedürftigkeit, Finanzierung von Heimunterbringung usw. verfolgen und beginnen mutig, sich mit Ihrem Leben ab der Pensionierung zu beschäftigen. Sie können entweder Informationen über all das zu Regelnde, all das Problematische und Unsichere sammeln um zu erfahren, was Sie für Ihren Lebensabend tun oder lassen müssen oder soll(t)en. Sie erhalten Berge von Papier: Broschüren, Anträge, Finanzierungsvorschläge, Versicherungsangebote, Richtlinien und Fristen. Ängste und Entmutigung angesichts dieser schier unüberwindlichen Informationsfülle brechen sich Bahn, Sie fühlen sich bestätigt in Ihrer Bangigkeit vor der Auseinandersetzung und legen trotz vielleicht besseren Wissens die Hoffnung auf Ihre Kinder und den Papierstoß aus der Hand.

Die andere Herangehensweise könnte von Ihrem Wunschbild ausgehen. Sie nehmen sich eine Zeit zwischen 15 Minuten und einer Stunde, sorgen für eine störungsfreie Umgebung, legen möglicherweise ruhige Musik auf und

lassen sich leiten von den Fragestellungen: Welche Wünsche, Visionen, Ziele in Bezug auf mein Alter habe ich? Was brauche ich unbedingt, was wäre wunderschön, wie erträume ich mir meinen Lebensabend?
Vielleicht entsteht vor Ihrem inneren Auge ein lebendiges, buntes Haus, in dem Menschen in Ihrem Alter und Freunde miteinander leben. Für Annehmlichkeiten ist gesorgt, ohne dass sich Luxus breit macht, jede/r hat ein eigenes Zimmer, es gibt gemütlich eingerichtete Wohn- und Esszimmer, es riecht nach frisch gebackenem Lieblingskuchen, aus einem Zimmer dringt Musik, die Sie mögen und Sie sind mit den Haustieren und dem »Senioren beraten Senioren«-Service, den Sie eingerichtet haben, zufrieden beschäftigt. Sie wissen, wie Sie zu Unterstützung wie z.B. ambulante Pflegedienste kommen, haben für den Ernstfall Lösungen und Notfallpläne parat und gehen mit einem zufriedenen, neugierigen Gefühl in diese Lebensphase.
Wie sieht Ihr Zimmer aus, mit wem pflegen Sie inner- und außerhalb der Senioren-WG Kontakt, wie sehen Sie selbst aus, was bietet Ihr Beratungsservice an, was werden Sie morgen für Ihre WG-Genossen/-innen kochen usw.?

Je genauer Sie sich in diese Bilderwelt hineinbegeben können, um so größer und konkreter wird Ihr inneres Bedürfnis, sich diesem Ziel zu nähern – und zwar nicht weil sie müssen, sondern weil sie wollen.

Folgende Fragen können Sie durch ein **Zielvereinbarungsgespräch mit sich selbst** führen, um die oben vorgestellte Visionsreise für das tatsächliche Leben zu erden und nutzbringend einzusetzen. Halten Sie sich dabei eng an den Film, dessen Regisseur/-in Sie gerade waren und leiten Sie aus den Bildern konkret verbalisierte Ziele ab.

Damit Ziele »funktionieren«, braucht es ein paar Regeln: Ziele müssen

- messbar,
- konkret,
- erreichbar,
- positiv (ohne »nicht/kein«),
- individuell bedeutsam,
- in der »Vollendung«

formuliert sein.

Die im Folgenden vorgeschlagenen »Fragen im Zielvereinbarungsgespräch mit mir selbst« berücksichtigen diese Regeln im Detail und führen Sie Schritt für Schritt zu einer »wohlformulierten« Zielformulierung für Ihre Anliegen *(vgl. auch Ulsamer, 1995, 59ff.; Rosenstiel, 1994, 44ff.)*.

Fragen im Zielvereinbarungsgespräch mit mir selbst

Zieldefinition

- *Was will ich erreichen (allgemein oder in Bezug auf eine bestimmte Aufgabe, ein bestimmtes Problem)?*
- *Was ist mein Ziel/sind meine Ziele?*
- *Wie heißt mein Ziel in positiver, lösungs- statt problemorientierter Formulierung?*

Zielpräzision

- *Ist das Ziel realistisch, nicht zu hoch, nicht zu niedrig angesetzt?*
- *Benötigt es die Untergliederung in Teilziele? Wenn ja, wie lauten diese?*
- *Was ist die Herausforderung an dem Ziel?*
- *Wann soll das Ziel/die Teilziele erreicht sein?*
- *In welchem Zusammenhang soll es erreicht werden?*
- *Welche Kriterien bezüglich Quantität und Qualität sind mein Minimum und Maximum?*
- *Wie viel Geld und Zeit darf das Ziel kosten?*

Kontext

- *Wie steht dieses Ziel in Abhängigkeit oder Zusammenhang mit anderen Zielen?*
- *Wie sehen die Prioritäten aus?*
- *Entstehen möglicherweise Zielkonflikte?*
- *Was wird anders sein, wenn mein Ziel erreicht ist?*
- *Was wird gleich bleiben, wenn mein Ziel erreicht ist?*
- *Welche Möglichkeiten eröffnen sich, wenn mein Ziel erreicht ist?*

Mittel/Ressourcen

- *Welche Mittel habe ich zur Verfügung, die helfen können, das Ziel zu erreichen? (Geld, Zeit, Unterstützung im sozialen Umfeld, eigene Fähigkeiten, Fertigkeiten und Erfahrungen)*
- *Wie kann ich erreichen, dass …?*
- *Wie kann ich dazu beitragen, dass …?*
- *Was brauche ich, um das Ziel zu erreichen?*
- *Wie kann ich diese Mittel nutzen?*

Veränderung

- *Was ist die Veränderung/das Risiko/der Preis der Zielerreichung?*
- *Worauf hat die Zielverfolgung und -erreichung noch Einfluss?*
- *Was wird sich konkret ereignen oder verändern, wenn das Ziel erreicht ist?*
- *Woran erkenne ich, dass das Ziel erreicht ist? Was kann ich sehen, hören, fühlen?*
- *Woran werden andere merken, dass das Ziel erreicht ist? Was können sie sehen, hören, fühlen?*
- *Erscheint mir das Ziel unter diesen Veränderungen noch attraktiv?*

Anregung für die Gruppe

Die Teilnehmer/-innen schreiben auf Kärtchen ein Ziel, an dem sie ein solches Zielvereinbarungsgespräch ausprobieren wollen – oder der/die Leiter/-in hat der Gruppe oder dem Seminarthema entsprechend passende Ziele auf Kärtchen vorbereitet. Die Teilnehmer/-innen finden sich nach inhaltlichem Interesse zu Dreier-Gruppen und beraten sich gegenseitig anhand der Fragencheckliste.

Zurück zum Beispiel »Wohngemeinschaft im Alter«. So könnte ein Zielvereinbarungsgespräch mit sich selbst angewendet aussehen:

»Wohngemeinschaft im Alter« – im Zielvereinbarungsgespräch mit mir selbst

Zieldefinition

- *Was will ich erreichen? – Ein selbstbestimmtes Leben ab der Pensionierung, solange meine körperlichen und geistigen Kräfte es irgend zulassen.*
- *Was ist mein Ziel/sind meine Ziele? – Die Gründung einer Senioren-WG.*
- *Wie heißt mein Ziel in positiver, lösungs- statt problemorientierter Formulierung? – Mit 65 bin ich pensioniert und lebe in einer Senioren-WG.*

Zielpräzision

- *Ist das Ziel realistisch, nicht zu hoch, nicht zu niedrig angesetzt? – Ich habe von Modellprojekten in Hamburg und Düsseldorf gehört, die ganz gut laufen. Bis zu meiner Pensionierung sind noch acht Jahre Zeit, wenn ich alles alleine mache, wird es mich überfordern und auch keinen Spaß machen, also suche ich zuerst nach Gleichgesinnten.*
- *Benötigt es die Untergliederung in Teilziele? – Wenn ja, wie lauten diese?*
  1. In vier Jahren existiert ein von mir gegründeter Interessenverein »Senioren-WG« mit mindestens 20 Mitgliedern.

2. Es stehen Ziele und Rahmenbedingungen, individuelle Bedürfnisse und Zugangsbedingungen für »Neue« fest.

3. Im Zeitraum bis zur Pensionierung sind Informationen über Finanzierung, Baubestimmungen, Bezuschussung, Immobilien usw. gemeinsam eingeholt, gesichtet und bewertet.

4. Ich habe meine Finanzen geklärt, im Hinblick auf die zu erwartende monatliche Rente.

5. Aufgrund der Ergebnisse eines Körper-Checks steigert ein Fitnessprogramm meine körperliche Ausdauer.

- *Was ist die Herausforderung an dem Ziel? – Initiatorin eines Vereins und Gestalterin meiner Zukunft zu sein. Systematische Recherche zu betreiben und ein Netzwerk ins Leben zu rufen.*
- *Wann soll das Ziel/die Teilziele erreicht sein? – Je nach (Teil-)Ziel schon mitformuliert (bis zur Pensionierung bzw. danach). Eröffnung der Senioren-WG spätestens zwei Jahre nach Pensionierung.*
- *Welche Kriterien bezüglich Quantität und Qualität sind mein Minimum und Maximum? – Minimum: Etagenwohnung in der Stadt mit zwei Mitbewohner/-innen. Maximum: Freistehendes Altbau-Haus, zentral und grün, altengerecht umgebaut, großzügige und schöne Gemeinschafts- und Wohnräume für bis zu zehn Mitbewohner/-innen, mit Angeboten für die Nachbarschaft (z.B. Kinderbetreuung, Senioren-Beratung usw.), einem Verein inklusive Stiftung, die über das Leben der Gründer/-innen hinaus das Haus führt.*
- *Wie viel Geld und Zeit darf das Ziel kosten? – Zeit: Noch acht Jahre bis zur Pensionierung, danach zwei Jahre, das heißt insgesamt zehn Jahre. Geld: Meine monatliche Rente, plus …*

Kontext

- *Wie steht dieses Ziel in Abhängigkeit oder Zusammenhang mit anderen Zielen? – Es passt gut zu meinem Ziel, ein selbstbestimmtes Leben bis ins hohe Alter zu führen, in einem sozialen Netzwerk eingebunden zu sein und in der Stadt zu leben. Es »beißt« sich eventuell mit meinem Ziel der Unabhängigkeit und Individualität.*

- *Wie sehen die Prioritäten aus? – Ich werde Möglichkeiten finden, innerhalb des WG-Netzwerks Inseln der Autonomie und der »Eigenbrötlerei« unterzubringen.*
- *Entstehen möglicherweise Zielkonflikte? – Wenn oben Genanntes nicht möglich sein sollte, ja.*
- *Was wird anders sein, wenn mein Ziel erreicht ist? – Ich bin 67 Jahre alt, habe einen neuen Wohnort, die Bangigkeit gegenüber einer ungeklärten Zukunft ist aufgehoben, ich habe zu arbeiten aufgehört, bin anderweitig aktiv, fühle mich in meinem geschaffenen Refugium wohl, freue mich über die wachsenden Kontakte und Aktivitäten in unserer WG, pflege auch mein Alleinsein, der letzte Lebensabschnitt ist angebrochen.*
- *Was wird gleich bleiben, wenn mein Ziel erreicht ist? – Mein Lebenswille, meine Angst vor körperlicher und geistiger Hinfälligkeit, mein Kampf gegen Fremdbestimmung.*
- *Welche Möglichkeiten eröffnen sich, wenn mein Ziel erreicht ist? – Mich mit dem Tod auseinanderzusetzen, mich in Ruhe und mutig vorzubereiten, ohne jetzt schon aufzugeben.*

Mittel / Ressourcen

- *Welche Mittel habe ich zur Verfügung, die helfen können, das Ziel zu erreichen? (Geld, Zeit, Unterstützung im sozialen Umfeld, eigene Fähigkeiten, Fertigkeiten und Erfahrungen) – siehe oben (Rente, Erspartes, zehn Jahre, Freundeskreis), ich habe als Studentin sechs Jahre in WG's gelebt und weiß um die Konfliktpotenziale und Gruppendynamik, kann gut im Internet recherchieren, kann hartnäckig verhandeln, bin gut in handwerklichen Tätigkeiten, kann mitreißend überzeugen …*

Veränderung

- *Was ist die Veränderung/das Risiko/der Preis der Zielerreichung? – Aufgerüttelt mich mit dem Thema Altern, Tod und Sterben bewusst zu beschäftigen, mich nicht mehr in Unkenntnis und Naivität dem letzten*

Lebensabschnitt und in Hoffnung auf andere Menschen zurücklehnen zu können. Ich werde mich jahrelang intensiv auf dieses eine Thema konzentrieren, werde vielleicht verbohrt und streitbar …

- *Worauf hat die Zielverfolgung und -erreichung noch Einfluss? – Auf meine Kinder, auf mein (sozial-) politisches Engagement, auf meine Freundschaften, … Ich könnte anderen auf die Nerven gehen, weil ich überall darüber reden will und Infos und Anregungen sammle. Mein Erspartes wird eher für mich verwendet werden, als dass ich es meinen Kindern vererben kann.*
- *Was wird sich konkret ereignen oder verändern, wenn das Ziel erreicht ist? – Ich werde meine Naivität und Hoffnungen in puncto Altern in der Gesellschaft auf die Probe stellen müssen und möglicherweise enttäuscht werden.*
- *Woran erkenne ich, dass das Ziel erreicht ist? Was kann ich sehen, hören, fühlen? – Ich wohne in der Senioren-WG, zusammen mit den Mitgründer/-innen, habe ein eigenes, gemütlich eingerichtetes Zimmer, bin agil, fit und ausgeglichen, beschäftige mich mit Literatur, Kunst, musiziere und hüte Kinder. Ich werde stolz sein auf das Gelingen des Projekts …*
- *Woran werden andere merken, dass das Ziel erreicht ist? Was können sie sehen, hören, fühlen? – Ein Einzugsfest wird den Beginn des WG-Lebens kennzeichnen, es wird den Interessenverband und die Stiftung geben, Infomaterial und sonstige Öffentlichkeitsarbeit. Meine Freunde und Verwandten werden froh sein, mit mir wieder über was anderes reden zu können.*
- *Erscheint mir das Ziel unter diesen Veränderungen noch attraktiv? – Ja, immer mehr.*

Die Arbeit mit den Leitfragen kann wieder (▷ *oben, Seite 78, Arbeit mit dem Inneren Team)* ein innerer Dialog sein, vielleicht aber auch ein Leitfaden für Partner/-in oder Freund/-in, die als Coach fungieren, Ihnen die Fragen stellen und mit geradlinigem Nachfragen

Hilfestellung für ein »wohlformuliertes Ziel« zur Verfügung stellen. Auf jeden Fall ist die schriftliche Fixierung sinnvoll, möglicherweise in ein »Ziel-Tagebuch«, möglicherweise auf bunte kleine Zettel, die in Geldbeutel gesteckt, an Kühlschränke, Badspiegel oder Nachtkästchen geklebt werden, dadurch einen hohen Erinnerungswert gewinnen und bei Zielerreichung so eine genaue Auswertung ermöglichen.

Es kann sein, dass Sie dann doch einen Berg von Infomaterial zum Thema »Leben im Alter« – um bei unserem Beispiel zu bleiben – durchforsten, aber jetzt ist es anders. Sie haben Ziele und Teilziele vor Augen, die Ihnen »gezieltes« Suchen und Finden ermöglichen. Und alle Info-Teilstücke sind Mosaiksteinchen für Ihre Zielerreichung. Also fragen Sie nicht mehr »Um was muss ich mich zum Thema Alter kümmern, was muss ich wissen?«, sondern »Was ich wissen will, ist Folgendes: ..., was brauche ich, um das zu erfahren und erreichen?«.

Bei unserem Senioren-Wohngemeinschaft-Beispiel handelt es sich um ein vielschichtiges, langfristiges Vorhaben mit großen inneren Bedürfnissen und äußeren Bedingungen. Dass Zielklärungen im Sinne sattelfester Entscheidungen und dem nötigen Atem für derart langfristige »Großprojekte« hilfreich und notwendig sind, ist leicht nachvollziehbar. Aber auch bei weniger umfassenden Vorhaben zeigen sie immer wieder ihren Nutzen. So kann die Entscheidung für einen ISDN-Anschluss, einen neuen Job, den Eintritt in einen Chor, das Schreiben von Tagebuch, die ein oder andere oder dritte Couch-Garnitur, für oder gegen ein Auto, die Aufnahme einer ehrenamtlichen Tätigkeit, ein Urlaubsziel, allein oder in einer Gruppe usw. genauso mit den vorgestellten Leitfragen unter die Lupe genommen werden. Motivklärungen und der Dialog mit verschiedenen inneren Stimmen gehen damit einher und tragen zunehmend dazu bei, immer größere Klarheit über sich und das eigene Leben zu bekommen.

2.4 Stärken, Ressourcen, Potenziale und Freiräume

Wenn wir Probleme haben, neigen wir leicht dazu, uns in den Problemursachen zu verstricken, und vergessen unsere Aufmerksamkeit in Richtung Lösungen und Lösungshilfen zu lenken. Diese Strategie sichert uns die Probleme aber eher. Deshalb lohnt es sich, nach Ressourcen, nach vorhandenen Stärken und Potenzialen zu fragen, Freiräume zu erkennen und zu nutzen – sofern ich an einer Lösung wirklich interessiert bin. (Manchmal hat man einen vermeintlich größeren Nutzen davon, dass das Problem bestehen bleibt.) Um den Blick für Ressourcen zu schärfen, unterscheiden wir zwischen folgenden Kategorien:

- eigene (seelische, körperliche, geistige) Ressourcen,
- materielle (Güter, Natur, Geld) Ressourcen,
- soziale (familiäre, freundschaftliche, kollegiale) Ressourcen,
- Kontext- Ressourcen (Gesetze, Konventionen, Subventionen).

An dieser Stelle nehmen wir den Weg über seelische und geistige Ressourcen in uns selbst und setzen auf die (Wieder-)Entdeckung der Intuition. Das Ziel dabei ist, dass beim Ausprobieren der Intuitions-Techniken Klarheit über Potenziale, Ressourcen und Freiräume aus den anderen genannten Kategorien und Bereichen aufscheinen.

Schon der Volksmund weiß, dass die sicherste Strategie, richtige Entscheidungen zu treffen, die »mit Herz und Verstand« ist. Auch in den vorherigen Kapiteln ging es längst nicht nur um rein rationale, analytische und von der höheren Vernunft gesteuerte Entscheidungsprozesse. Wir haben parallel immer Kanäle angeboten, die den Zugang zu Herz, zu Emotion und zu Intuition öffnen (z.B. in der Arbeit mit dem Inneren Team ▷ *Seite 78)* und dem Zugang mit der rechten Hirnhälfte zur Zielfindung über verschiedene Sinneskanäle in Fantasiereisen (▷ *Seite 89)*. Ergebnisse in der Hirnforschung zeigen, dass »ein Mangel an Gefühlen … zu irrationalem Verhalten, zu falschen Reaktionen und unsinnigen Entscheidungen führen (kann)« *(Nuber, 2000, 25)*. Unser Entscheidungsverhalten pendelt immer »zwischen einer Mischung aus Wahrscheinlichkeits- und Zufallsaussagen« *(Nuber, 2000, 23)*.

Diesen Faktor Unsicherheit anzuerkennen, ihn als Chance sehen zu lernen und den entstehenden Möglichkeitsraum für den Herzensanteil und damit die Intuition freizumachen, kann Entscheidungen zunehmend erleichtern (▷ *Kap. 1 »Fehlerfreundlichkeit« in Band 3)*.

Sie treffen, solange Sie leben, Entscheidungen. Es wird eine ganze Menge gelungene Entscheidungen in Ihrem Leben bis heute gegeben haben. Es lohnt sich also, einen Blick auf die produktiven Entscheidungsmuster zu werfen und damit Ihre Ressourcen zu entdecken und nutzbar zu machen für Entscheidungssituationen, die Ihnen nicht so leicht von der Hand gehen.

▶ Anregung für Sie selbst

Stellen Sie sich vor, wohlmeinende Freunde, Kollegen, Verwandte sitzen auf Ihrer Hochzeit zusammen an einem Tisch und reden sehr wertschätzend

- *im Besonderen über Ihre Entscheidung für diese/n spezielle/n Partner/-in*
- *im Allgemeinen darüber, was sie an Ihnen besonders schätzen und mögen und wie Sie sonst so sind, wenn es um Entscheidungen geht.*
- *Besetzen Sie in Ihrem Inneren diesen Tisch mit vier bis sechs real existierenden Menschen.*

- *Fragen Sie sich, was die jeweilige Person in etwa über Sie sagen würde …,*
- *welche Aussagen sich decken, welche sich ergänzen, welche aufeinander aufbauen würden.*
- *Welche der Aussagen überrascht Sie, welche der Aussagen haben Sie erwartet, welche Aussage kommt Ihnen nach »zu viel des Lobes« vor, was möchten Sie ergänzen?*
- *Wenn Sie Ihr inneres »Hörspiel« beendet haben, alle Personen zu Wort gekommen sind, nehmen Sie sich noch 5 bis 15 Minuten Zeit, all die lobenden, wertschätzenden, schönen Dinge, die Sie über sich gehört haben, aufzuschreiben.*

Anregung für die Gruppe

Diese Übung kann in der Gruppe als Projektions-Übung sinnvoll sein: Ein/e Teilnehmer/-in (Fallgeber/-in) sucht sich vier »Hochzeitsgäste« aus dem übrigen Teilnehmer/-innen-Kreis aus. Diese setzen sich in den Innenkreis und werden von der/dem Gruppenleiter/in psychodramatisch eingedoppelt (z.B. »Ich bin Maria, die beste Freundin von …« (dem/der Fallgeber/-in), »Ich bin Harald, dein kritischer Kollege« usw.). Diese Gäste führen ein Gespräch über: »Was wir an … (dem/der Fallgeber/-in) schätzen.« Der/die Fallgeber/-in hört zu, schweigt und ist aufgefordert, die positiven Eigenschaften, die die anderen über sie äußern, innerlich mit »ja«, »danke«, »klingt gut« anzunehmen.

Mit uns selbst sind wir oft überkritisch und neigen dazu, »unser Licht unter den Scheffel zu stellen«, weil »Selbstlob stinkt«. Die vorangegangene Übung kann durch den Perspektivenwechsel ermöglichen, Zugang zu Fremdeinschätzungen zu bekommen. Vielleicht möchten Sie sie überprüfen und bitten einige dieser »Hochzeitsgäste« auch in der Realität um Ihre Einschätzung. Fragen Sie aber bitte nicht: »Findest du mein Entscheidungsverhalten eigentlich gut oder schlecht?«, sondern lassen Sie sich an einem konkreten Beispiel aus der näheren Vergangenheit beschreiben, wie Sie im

Handeln und in der Klarheit usw. erlebt wurden und was dem-/derjenigen daran gefallen hat.

Im folgenden Test können Sie der Frage nachgehen, welchen Stellenwert Intuition bei Ihrer Entscheidungsfindung und in Ihrem Leben allgemein hat.

Test: Wie intuitiv sind Sie?

1. *Können Sie verschiedene Dinge gleichzeitig tun?*
2. *Improvisieren Sie gerne?*
3. *Sind Sie sehr moralisch?*
4. *Achten Sie auf die Körpersprache anderer Menschen?*
5. *Benutzen Sie Analogien und Metaphern?*
6. *Mochten Sie in der Schule Geometrie lieber als Algebra?*
7. *Wenn Sie etwas Neues hören, behalten Sie es dann gut?*
8. *Haben Sie Probleme, Ihre Katze oder Ihren Hund zu »verstehen«?*
9. *Haben Sie ein erfülltes Sexualleben?*
10. *Zählen Sie sich eher zu den »Gewinnern« als zu den »Verlierern«?*
11. *Haben sich Ihre Interessen in den letzten Jahren deutlich verändert?*
12. *Bringen Sie andere Menschen gern zum Lachen?*
13. *Können Sie sich besser an Gesichter von Menschen erinnern als an ihre Namen?*
14. *Haben Sie eine »brennende Leidenschaft«?*
15. *Sind Sie ein begeisterter Skifahrer oder Bergsteiger?*
16. *Vertrauen Sie auf Ihre persönliche Erfahrung mehr als auf neutrale Fakten, wenn Sie Urteile fällen?*
17. *Gehen Sie eher ernsthaft als spielerisch an ein Problem heran?*
18. *Können Sie gut mit kleinen Kindern umgehen?*
19. *Reden Sie mit Händen und Füßen?*
20. *Kämpfen Sie verlorene Schlachten immer wieder nach?*
21. *Probieren Sie gern Neues aus?*
22. *Genießen Sie Ihr Leben in vollen Zügen?*

23. Bleiben Sie sich selbst treu, wie hoch der Preis auch sein mag?
24. Ergreifen Sie gerne Gelegenheiten?
25. Geht es Ihnen besser, wenn Sie genau wissen, was auf Sie zukommt?
26. Können Sie im Liegen besser denken?
27. Fühlen Sie sich wohl mit sich selbst?
28. Singen, tanzen oder spielen Sie ab und zu?
29. Lernen Sie gerne Dinge, die sie sofort umsetzen können?
30. Sind Sie fordernd?
31. Sind Sie mit Ihrer Familie eng verbunden?
32. Interessieren Sie sich für Ihre Träume?
33. Folgen Sie Ihren Ahnungen?
34. Sind Sie zuversichtlich?
35. Haben Sie extreme Stimmungsschwankungen?
36. Helfen Ihnen Dichtung und Kunst, das Leben besser zu verstehen?
37. Haben Sie häufig Tagträume?
38. Wissen Sie gewöhnlich, was andere Menschen über Sie denken?
39. Lassen Sie sich von emotionalen Reizen heftig beeindrucken?
40. Bevor Sie eine Entscheidung treffen – hören Sie da auf Ihre Gefühle?
41. Können Sie sich nur schwer erinnern, welche Gefühle Sie bei vergangenen Situationen empfanden?
42. Sind Sie spontan?
43. Sind Sie für komplexe, schwierige Herausforderungen nicht zu begeistern?
44. Können Sie gut schätzen?
45. Ist Ihr Verhalten nicht immer sozial akzeptabel?
46. Haben Sie keine Probleme, die Botschaft Ihrer Gefühle zu verstehen?
47. Lesen Sie lieber Sachbücher als Romane?
48. Wissen Sie, was einem kranken Menschen gut tun könnte?
49. Suchen Sie lieber nach rationalen Lösungen, als aus dem Bauch heraus zu entscheiden?
50. Gibt es eine Person in Ihrem Leben, von der Sie ganz besonders stark beeinflusst wurden?

Auswertung

Antworten auf die Fragen:

1–6 Ja, 7–8 Nein, 9–16 Ja, 17 Nein, 18–24 Ja, 25 Nein, 26–38 Ja, 39 Nein, 40 Ja, 41 Nein, 42 Ja, 43 Nein, 44–46 Ja, 47 Nein, 48 Ja, 49 Nein, 50 Ja.

Geben Sie sich jeweils zwei Punkte, wenn Ihre Antwort mit der vorgegebenen Antwort übereinstimmt. Zählen Sie Ihre Punkte zusammen.

*Haben Sie zwischen **90 und 100** Punkte? Ihr Intuitionsquotient ist hoch. Sie schöpfen Ihre intuitiven Fähigkeiten voll aus und bereichern dadurch Ihr Leben.*
*Kommen Sie auf **70 bis 90** Punkte, sind Sie immer noch überdurchschnittlich intuitiv. Sie haben eine ausgewogene Balance zwischen rationalem und intuitivem Denken. Allerdings könnten Sie Ihre Intuition noch verbessern.*
***50 bis 70** Punkte bedeuten, dass Sie Ihre intuitiven Fähigkeiten nicht ausschöpfen. Sie können davon profitieren, wenn Sie Ihre innere Stimme trainieren.*
Liegt Ihre Punktzahl zwischen 30 und 50, dann sind Sie ein rationaler Mensch, der wenig von gefühlsmäßigen Entscheidungen hält. Sie könnten sehr davon profitieren, wenn Sie intuitiver leben lernen.
***0 bis 30** Punkte – Intuition ist für Sie ein Fremdwort. Schade. Auch Sie könnten besser leben, wenn Sie Ihre intuitive Seite schulen würden.*

(Nachdruck aus: Psychologie Heute, Heft 01/2000)

Focusing

Die Technik des Focusing erschließt einen Weg, unter Gebrauch von Intuition Entscheidungen zu treffen, und bietet in einem Zehn-Phasen-Programm die Möglichkeit, in einen inneren Dialog mit Körper-Signalen zu treten und dadurch das intuitive Wissen bewusst und also nutzbar zu machen. Es geht darum, das Wissen des Körpers als Entscheidungshilfe zu nutzen, dem so genannten »felt sense« (Körper-Sinn) Worte und Stimme zu geben und die dahinter stehende Bedeutung für sich in einer konkreten Entscheidungssituation zu entschlüsseln. Wenn Sie also mit einer konkreten Entscheidung beschäftigt sind, wobei Sie vielleicht merken, dass Sie sie immer wieder hinauszögern, sich nicht stellen wollen, sich hilflos oder überfordert fühlen, kann ein Klärungsprozess über Ihren Körper führen. Ziel ist, die Botschaft so genannter »somatischer Marker« zu entschlüsseln und für die Entscheidungsfindung nutzbar zu machen.

Die Schritte im Einzelnen:

1. Setzen Sie sich bequem hin (in geübterem Stadium geht es auch im Liegen, beim Abspülen oder beim Spazieren gehen).
2. Atmen Sie bewusst einige Male ein und aus und richten Sie Ihre Aufmerksamkeit auf Ihren Körper.
3. Stellen Sie sich die Frage: »Was in mir (bezüglich der anstehenden Entscheidung) verlangt nach meiner Aufmerksamkeit? (Beispiel: »Wenn ich an die XY-Entscheidung denke, wird mir ganz eng im Hals und ich kriege kaum Luft.«)
4. Begrüßen Sie diesen so genannten »felt sense«, das Körpergefühl mit den Worten »Hallo, ich weiß, dass du da bist«. Was passiert mit dem Gefühl nach Ihrer Begrüßung? (Vielleicht erscheint es zur Bekräftigung, vielleicht wird es leichter.)
5. Versuchen Sie mit dem Körpergefühl in Kontakt zu kommen und knüpfen Sie, als wäre es eine Person, ein Gespräch mit

ihm an. Fragen Sie, wer er/sie ist, wie er/sie heißt und um was es ihm/ihr geht. (Möglicherweise bekommen Sie Antworten, die Sie nicht erwarten oder auch nicht mögen. Nehmen Sie sie ohne Bewertung an, so als würden Sie mitfühlend einem Freund zuhören.)

6. Spüren Sie die Antworten im Körper nach, prüfen Sie, ob die Antworten und die Bedeutung der Wörter für Sie stimmig sind zu ihrem Körpergefühl.
7. Fragen Sie, ob sie diesem Körpergefühl ein wenig Gesellschaft leisten dürfen. Bleiben Sie mit Wertschätzung und Interesse bei dem »Etwas« in Ihnen. Vermeiden Sie Bewertungen und Interpretationen, Druck und Geschwindigkeit.
8. Perspektivenwechsel: Versetzen Sie sich in das »Etwas« in Ihnen und versuchen Sie aus der Identifikation mit dem »felt sense« heraus zu erspüren und zu formulieren, was und wie »es« fühlt.
9. Stellen Sie Fragen: »Was macht dich so …?« und »Was brauchst du …?« »Wie würde es sich anfühlen, wenn alles gelöst wäre?«
10. Wenn Sie innere Antworten auf diese Fragen bekommen haben, bleiben Sie noch eine Weile bei dem entstehenden (Erleichterungs-?) Gefühl, verabschieden und bedanken sich dann von Ihrem »felt sense«, wie sie sich von einem guten Freund verabschieden würden. *(Auszug aus Weiser-Cornell, 1997)*

Zu wissen, was ein »spürbarer« Teil von mir in Bezug auf eine bestimmte Entscheidung braucht,

- kann Verständnis für inneres Zögern, für Verwirrspiele mit mir selbst oder anderen Menschen, für innere Sabotage-Akte entstehen lassen,

- kann innere Not sichtbar machen und mich weicher und nachsichtiger machen bezüglich meiner eigenen Unvollkommenheit,
- kann mir deutlich machen, wo ich gegen mich, gegen meine innere Balance, gegen persönliche Bedürfnisse handle,
- kann die tiefere Quelle der Angst, der Unentschlossenheit sichtbar machen und mich zu einem tieferen Verständnis bezüglich der Bedeutung dieser Entscheidung führen,
- kann Prioritäten verschieben oder klarer werden lassen,
- kann vergessene oder verschütt gegangene Visionen wiederbeleben,
- kann das Problem lösen – oder mich von dem Problem lösen.

»Worst-case«-Szenario

Eine extreme Möglichkeit, Freiräume und Potenziale zu entdecken ist die so genannte »Schlimmstenfallsanalyse« (»worst-case-szenario«, ▷ *auch Seite 75*). Sie ist eine geeignete Methode, sich aus typischen Entscheidungsverstrickungen zu befreien, z.B. wenn es seit Tagen und Wochen nicht weitergeht zwischen »soll ich oder soll ich nicht«. Die einfache, aber provokante Frage zur entsprechenden Entscheidung heißt: »Was könnte schlimmstenfalls passieren?« Wieder geht es darum, sich einzulassen auf innere Bilder und Vorstellungen, diesmal sich vertraut zu machen mit der dunklen Möglichkeit. Und ein Schritt weiter: »Ist die entstandene Horrorvision wirklich so schlimm?« bzw. »Kann und möchte ich diese möglichen Konsequenzen tragen?« Meistens können wir erleichtert feststellen, dass wir auch eine »falsche« Entscheidung überleben werden (und »überleben« meine ich hier im Wortsinne; Entscheidungsdilemmata, so nichtig sie vom Thema her sein mögen, haben eine existentielle Komponente und nähren diesen Todesaspekt in sich). Vielleicht hat es unangenehme Folgen, die man möglicherweise aber sogar bereit ist zu tragen. Jedenfalls kommen wir so an unsere Gefühle, vor allem an die Ängste und Befürchtungen und werden uns klarer über den Herzensanteil einer Entscheidung.

Anregung für die Gruppe

In Kleingruppen schildert je ein/e Teilnehmer/-in eine für ihn/sie aktuelle Entscheidungssituation. Die anderen Gruppenmitglieder sagen je einen Satz aus ihrer Fantasie, was schlimmstenfalls passieren könnte und wovor sie Angst hätten. Der/die Teilnehmer/-in, von der die Entscheidungssituation ist, hört zu, vergleicht innerlich, welche der genannten Horrorvisionen sie (heimlich) auch hatte und lässt halb- und unbewusste Befürchtungen durch die Impulse der anderen an die Oberfläche gelangen. Er/sie sagt während dieser Fantasierunde selbst nichts. Hilfreich ist die Vorstellung eines inneren Papierkorbs für Fantasien, die nicht passend erscheinen und die eines inneren Schatzkästchens für »Erhellungen und Erleuchtungen«. Anschließend tauschen sich die Kleingruppenmitglieder über die Bedeutung der gehörten Fantasien für die Entscheidung aus und teilen dem/der Fallgeber/-in mit, was sie bei sich wiedererkannt haben bzw. was sie an der Übung berührt hat.

Interessanterweise verlieren durch solche Gedankenexperimente viele Alternativen sogar ihren Schrecken. Und da, wo sie ihren Schrecken behalten, weil es vielleicht wirklich um Leben und Tod geht, erhalten wir rechtzeitig die Chance, uns mit unserer beschränkten Handlungsfähigkeit und Sterblichkeit auseinanderzusetzen.

Und noch eine Überraschung hält das Experiment bereit: die Chance, sich umzuentscheiden. So können wir Distanz gewinnen zu dem sonst so starken Stolz bzw. Verpflichtungsgefühl und uns die Freiheit zugestehen, eine einmal getroffene Entscheidung zu revidieren.

2.5 Entscheidungen treffen, dazu stehen und sie anderen mitteilen

Eine Frage, die uns – wenn wir vor Entscheidungen stehen – immer wieder beschäftigt, lautet: Welche Auswirkungen wird es haben, wenn ich mich so oder so entscheide? Vielfach haben wir nur die direkten Wirkungen bedacht, die Nebenwirkungen aber außer Acht gelassen. Die können sich im Positiven wie im Negativen aufschaukeln und zu ungeahnten Konsequenzen führen. Manchmal erzielen solche Nebenwirkungen einen Bumerang-Effekt, frei nach dem Motto »Pass auf, was du dir wünschst, es könnte wirklich eintreten.« Pro und contra-Listen oder Kosten- und Nutzen-Analysen helfen da oft nur wenig weiter, weil sie nur die direkten Auswirkungen berücksichtigen. Zudem sind sie eher quantitativ angelegt.

Ein wesentlich geeigneteres Instrumentarium für Entscheidungssituationen ist die so genannte **Netzwerkanalyse** (*vgl. Gomez & Probst, 1999, 72ff.; Vester, 1999, 209 ff.; Züst, 1997, 74 ff.*).

Netzwerkanalyse

Für unseren Zusammenhang übernehmen wir die Netzwerkanalyse in modifizierter Form. Sie erlaubt es, Szenarien aufgrund von »getroffenen« Entscheidungen zu entwickeln, in denen auch Nebenwirkungen und eventuelle Langzeiteffekte berücksichtigt werden.

Stellen wir uns einmal vor, ein ca. 40-jähriger Mann überlegt sich, ob er seinen Arbeitsplatz wechseln soll. Aus der Kosten- und Nutzen-Perspektive könnte man den voreiligen Rat ableiten, er solle doch dahin gehen, wo es mehr Gehalt gäbe. Die Aneinanderreihung von Vor- und Nachteilen wäre nicht in der Lage, Wechselwirkungen zwischen einzelnen Faktoren aufzuweisen. Die Netzwerkanalyse berücksichtigt dagegen direkte Auswirkungen, indirekte Konsequenzen und die sich eventuell verstärkenden Wechselwirkungen zwischen diesen Handlungsfolgen.

Für Ihre persönliche Netzwerkanalyse nehmen Sie sich ein großes Blatt Papier (mindestens DIN A 3) und

- schreiben die Entscheidung, deren Folgen Sie bedenken möchten, in die Mitte des Blattes (wie im Beispiel »Ich entscheide mich dafür, jetzt mit 40 Jahren die Arbeitsstelle zu wechseln«).
- Notieren Sie dann Faktoren, die von Ihrer Entscheidung direkt verändert oder beeinflusst werden (in unserem Beispiel: »Einkommen«, »Wochenendarbeit«, »Soziale Kontakte«, »Freizeit«). Achten Sie darauf, dass bei den Formulierungen nicht schon Veränderungen mit benannt werden wie »mehr«, »weniger«, »besser« …
- Erfassen Sie dann weitere Faktoren, die von den direkten Veränderungen betroffen sind, und diejenigen, die indirekt von Ihrer Entscheidung tangiert sind (wie im Beispiel: »Gesundheit«, »Unabhängigkeit«, »Budget« …).
- Schätzen Sie nun alle Wirkungen und Wechselwirkungen ein – aber zunächst nur unter quantitativer Perspektive: Wird's mehr oder weniger? (im Beispiel: »mehr Freizeit«, »mehr Sozialkontakte«, »weniger Aufstiegschancen«). Zunahme kennzeichnen Sie mit einem Plus-Zeichen, Abnahme mit einem Minus-Zeichen.
- Erst im letzten Schritt nehmen Sie Bewertungen vor. Finden Sie die jeweiligen Veränderungen gut oder weniger gut? Setzen Sie Textmarker ein und kennzeichnen Sie so die einzelnen Pfeile.

Lassen Sie das Bild auf sich wirken. Vielleicht fallen Ihnen jetzt noch einige Dinge ein, die Sie zusätzlich notieren möchten. Sie können auch noch Freunde und Bekannte fragen – vier Augen sehen bekanntlich mehr als zwei.

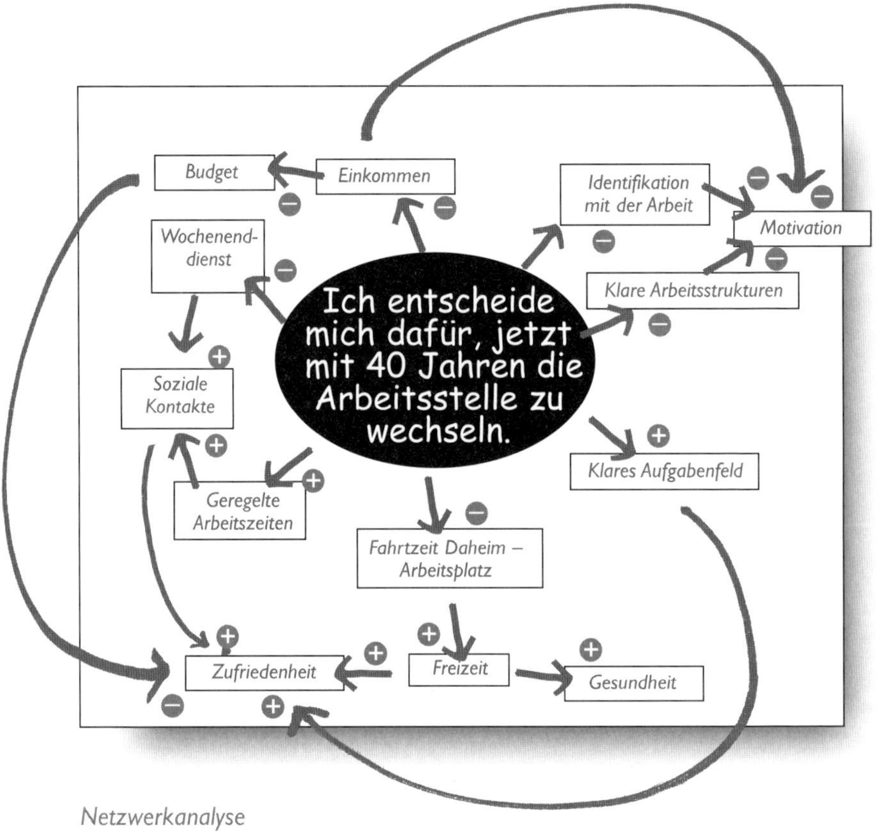

Netzwerkanalyse

Hier noch einige Fragen, die Ihnen bei der Betrachtung Ihrer Analyse helfen können:

- Überwiegen positiv oder negativ bewertete Wirkungen?
- Gibt es »Teufelskreise«, das heißt sich gegenseitig negativ verstärkende Wirkungen? Was können Sie eventuell tun, um diese Teufelskreise zu verhindern oder abzumildern?

- Gibt es »Engelskreise« – das gedachte Gegenteil von »Teufelskreise«? Gemeint sind sich gegenseitig positiv verstärkende Wirkungen.
- Gibt es Wirkungen, die sich schnell einstellen, oder solche, auf die Sie länger warten müssen? Können und wollen Sie so lange warten?

Die Netzwerkanalyse hilft Ihnen, die Auswirkungen von bestimmten Entscheidungen vorauszusehen. Sie können sich auf Nebenwirkungen einstellen und diesen entgegenwirken, »Durststrecken« abwarten, sich auf die Erfolge schon einmal freuen. Eines bleibt aber: Die Entscheidung müssen Sie immer noch selbst treffen.

Wege durchs Entscheidungsdickicht

Nach einer solchen Netzwerkanalyse könnten Sie gerüstet sein, um sich an eine systematische Planung Ihrer Lösungsmöglichkeiten zu machen. Die folgende Checkliste leitet Sie ein weiteres Stück durch das Entscheidungsdickicht.

▶ Checkliste für Ihre Entscheidungen

Schritte	**Leitfragen**	**persönliche Beispiele**
1. Genaue Definition des Problems	*Was ist? Wie stellt sich die Situation im Moment tatsächlich dar?*	
2. Sammeln verschiedener Lösungsalternativen	*Was soll sein? Was will ich? Was ist das Ziel? (Führen des Zielvereinbarungsgesprächs mit sich selbst, ▷ S. 93)*	

3. Sichten und bewerten der Alternativen	*Welche Alternative hat welche Vor- und welche Nachteile? Welche Alternative passt unter meinen Bedingungen am besten? Welche inneren Stimmen (▷ S. 78) melden sich unter welchem Vorzeichen zu Wort (Motivation oder Widerstand)?*	
4. Entscheiden für diese Alternative oder Koppelung mehrerer Möglichkeiten	*Welche Konsequenzen schätze ich ab (»Schlimmstenfalls-Analyse« ▷ S. 110)? Kann und will ich diese tragen? Ist diese Alternative unter den Umständen noch attraktiv und erstrebenswert? Ist – und wenn ja wie – eine »Sowohl als auch«-Lösung möglich anstatt einer »Entweder-oder«-Variante?*	
5. Planung und Ausführung der gewählten Lösung	*Welche Teilziele, Teilschritte, Strategien und Maßnahmen brauche ich zur Umsetzung meiner Entscheidung? Woher kann ich Unterstützung und Hilfestellung bekommen?*	

Und um Ihren Plan zu verankern oder gegebenenfalls im Detail noch zu verbessern, können Sie mit folgender Fantasiereise einen

Blick in die Zukunft werfen. Sie ist besonders in Fällen geeignet, in denen sich das Gefühl immer wieder entzieht.

▶ Anregung für Sie selbst und für die Gruppe

Legen Sie sich bequem hin und entspannen Sie sich.

Schließen Sie die Augen und vergegenwärtigen Sie sich die Entscheidungssituation. Zum Beispiel: Soll ich die Stelle in der neuen Firma annehmen?

Mit Hilfe der Information, die der kühle Kopf bereits über die neue Stelle gesammelt hat, malen Sie sich einen Arbeitstag in der neuen Firma aus: Stellen Sie sich die Fahrt zur Arbeit vor, das Büro und die Kollegen, die Sie bereits kurz kennen gelernt haben. Mit welchen Tätigkeiten wäre Ihr Arbeitstag ausgefüllt? Gestalten Sie die Situation so konkret wie nur irgend möglich aus.

Achten Sie auf die Gefühle, die bei diesen Vorstellungen auftauchen. Freuen Sie sich auf die neuen Kollegen und Kolleginnen, ist Ihnen der Vorgesetzte sympathisch? Oder verspüren Sie eine gewisse Unruhe? Gehen Sie diesen Gefühlen nach.

Öffnen Sie dann die Augen und ziehen Sie Bilanz: Haben Sie sich in der neuen Rolle wirklich wohl gefühlt? Wenn Sie noch Zweifel haben, schließen Sie noch mal die Augen und denken Sie nun über die Alternative nach: Wie fühlen Sie sich, wenn Sie den alten Arbeitsplatz behalten?

(Nachdruck aus Psychologie Heute, Heft 1/2000)

Absoluten Schutz vor falschen Entscheidungen gibt es dennoch nicht. Es wird wohl immer wieder passieren, dass wir trotz aller Vorsichtsmaßnahmen einen Weg einschlagen, den wir zu einem späteren Zeitpunkt bereuen und vielleicht revidieren möchten. Als Konsequenz müssen wir emotionale Turbulenzen aushalten. Forschungsarbeiten der amerikanischen Psychologen *Daniel Gilbert* und *Timothy Wilson* können uns im Falle falsch getroffener Entscheidungen trösten. Sie haben festgestellt, dass unsere Gefühle nicht von Dauer sind: »Menschen erholen sich schnell von ihren Emotionen –

egal, ob diese positiv oder negativ waren«, erklärt Wilson. Und sein Kollege Gilbert ergänzt: »Wir sind wahre Künstler darin, das Beste aus unangenehmen Situationen zu machen und über eigene Verfehlungen hinweg zu sehen.« *(Psychologie Heute Januar 2000 /27)*

Gerüstet mit dem erarbeiteten Maß an innerer Klarheit, an Mut zu Gefühlen und Intuition, an gesammelten Fakten, Daten und Informationen dürfte ein großer Teil Ihrer Entscheidungssituationen leichter zu durchschauen und zu handhaben sein. Auch die Wankelmütigkeit, die oft noch nach (vermeintlich) getroffener Entscheidung über uns hereinbricht, könnte seltener werden, denn die boykottierenden inneren Stimmen sind jetzt weitgehend bekannt und können sich nicht mehr so gut heimlich mit äußeren Widersachern verbünden.

Ich liebe den Moment nach der Entscheidung,
nach dem Wählen eines Weges,
wenn es kein Zurück mehr gibt;
und alle Energien in eine Richtung fließen.

Dieser Moment der Freiheit,
der noch im Schatten der Angst steht,
dass ich die falsche Entscheidung getroffen habe,
dieser Moment beansprucht alle Kraft,
damit Raum entsteht,
in dem Leben sich ausdehnen kann.

Diese konzentrierte Einseitigkeit,
dieses Vertrauen mit dem ganzen Wesen,
dieses Glauben, dass ich beteiligt bin
an den Entschlüssen, die Leben fördern,
dieses Lebendigsein liebe ich.

Ulrich Schaffer
(aus: Ich liebe … und die Welt entfaltet sich, Groh Fotokunst Verlag, Wörthsee bei München)

Entscheidungen anderen mitteilen

Wenn es an dieser Stelle um das stimmige Informieren anderer über meine getroffenen Entscheidungen und Standpunkte geht, kann das folgende Argumentationsraster eine strukturgebende Hilfestellung sein.

Das Fünf-Schritte-Modell der Argumentation

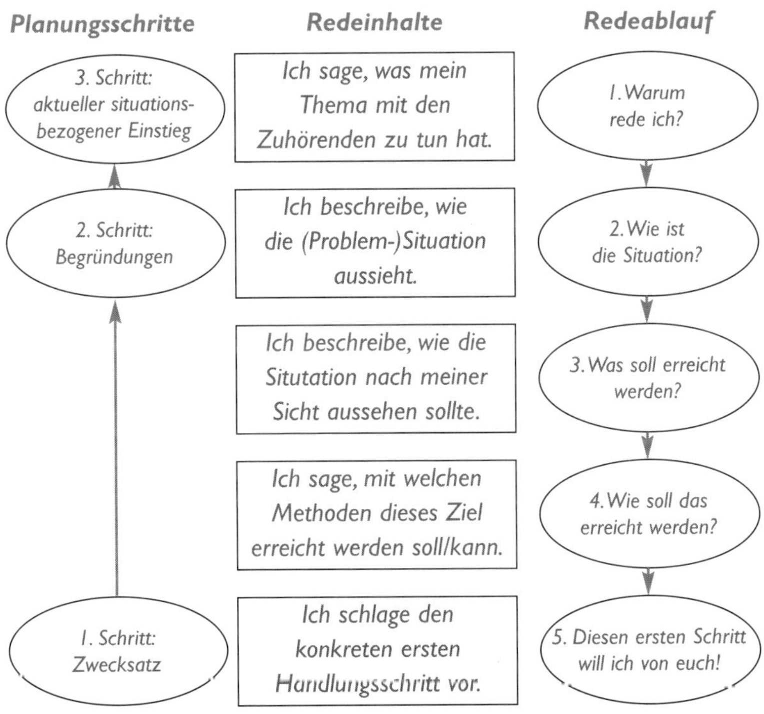

(aus: Fricke, Frei reden, Bund-Verlag, Frankfurt 42000)

Bei Entscheidungen in Gruppen, sei es im Kollegen- oder Freundeskreis, geht die eigene Entscheidung voraus (bzw. sollte vorausgehen), auch wenn sie nicht immer bewusst ist oder manchmal erst im Laufe der Diskussion entsteht.

Wie ich eigene Entscheidungen und Standpunkte vor anderen dann vertrete, wie ich aus- und verhandle, eine Entscheidung mittrage oder verhindere, hängt vor allem von der Fähigkeit ab, zu kommunizieren, mich mit meiner Entscheidung im sozialen Kontext zu bewegen, entstehende Spannungen zu erkennen, zu nutzen und/oder auszugleichen, widerstreitende Meinungen um mich herum zu erkennen, Konflikte auszuhalten, Kompromisse, Konsenslösungen anzuzielen, aus der Situation zu flüchten oder zu kämpfen.

Das ist der Inhalt des dritten großen Kapitels dieses Bandes; es beschäftigt sich mit der Aushandlungskompetenz.

3. Streiten

will
gelernt sein –

Konflikte wagen
und bestehen

Streiten lernen? Sich in Konflikte wagen? Sie gar noch bestehen, verstehen, durchstehen? Danach jedenfalls noch aufrecht stehen? – Warum sie nicht vermeiden, unter den Tisch oder unter den Teppich kehren? Flucht hat schon manches Leben gerettet. Und was heißt eigentlich bestehen? – Um jeden Preis das Meine durchsetzen oder klein beigeben, viel hin und her reden und am Ende doch verlieren, um Kompromiss oder gar Konsens bemüht sein? Und was ist, wenn ich mich als Einzige/r aus dem Fenster lehne …?

Viele Fragen rund um das Streiten, viele Dauerbrenner darunter. Kaum jemals lässt sich ein für allemal eine sichere Antwort finden, nicht für einen Menschen, nicht für eine Familie, nicht für eine Gesellschaft, nicht für eine Welt.

Es geht immer wieder um den Versuch, eine dynamische Balance zwischen Streit und Harmonie, zwischen Krieg und Frieden herzustellen. Und nicht nur im biografischen Kontext des einzelnen Individuums, auch in der gesamten menschlichen Entwicklungsgeschichte *(Schwarz, 1999).*

Postmoderne und Patchwork-Identität, Vieldeutigkeiten und die Fähigkeit, diese auszuhalten, Verlust gesellschaftlicher Normen und Werte sowie die Suche nach neuen Verortungsmöglichkeiten im Universum der explodierenden Informations- und Wissensmeere – all dies sind Hintergründe für Konfliktmöglichkeiten und Konfliktnotwendigkeiten, für Konfliktchancen und Konfliktgefahren.

Neben den in den vorausgegangenen Kapiteln behandelten Kompetenzen für ein Leben in der Postmoderne – der Deutungs- und Entscheidungskompetenz – wird in diesem Kapitel die Rede von der **Aushandlungskompetenz** sein, denn »wenn es in unserer Alltagswelt keine allgemein akzeptierten Normen mehr gibt, außer einigen Grundwerten, wenn wir keinen Knigge mehr haben, der uns für alle wichtigen Lebenslagen das angemessene Verhalten vorgeben kann, dann müssen wir die Regeln, Normen, Ziele und Wege beständig neu aushandeln. Das kann nicht in Gestalt von Kommandosystemen erfolgen, sondern … dazu gehört natürlich auch eine gehörige Portion von Konfliktfähigkeit« *(Keupp, 1994, 345).*

Weil heute Diskussionen um objektive Wahrheit(en) zunehmend schwierig und die Akzeptanz subjektiver Deutungen (▷ *Kap. 1, Deutungskompetenz)* immer notwendiger werden, sind wir angewiesen auf das **Aushandeln** von Meinungs- und Überzeugungsschnittmengen zwischen uns und anderen postmodernen Zeitgenossen – vorausgesetzt, wir haben ein Minimum an Miteinander im Sinn, ein gemeinsames Ziel oder Interesse, und sei es nur, das ureigene Bedürfnis nach sozialer Interaktion und Zugehörigkeit.

Im Folgenden lernen Sie Wege der Konflikt- und Konsensgestaltung kennen. Humanistische Psychologie, Konstruktivismus und das Leben in der Postmoderne sind hierfür Basis, Klammer und roter Faden:

- Konfliktentstehung und Konfliktlösung
- Woher kommt's – Meine Konfliktbiografie
- Die Wahrnehmung anderer
- Ich und die anderen – Vermitteln und Aushandeln zwischen innen und außen

▶ Anregung für die Gruppe

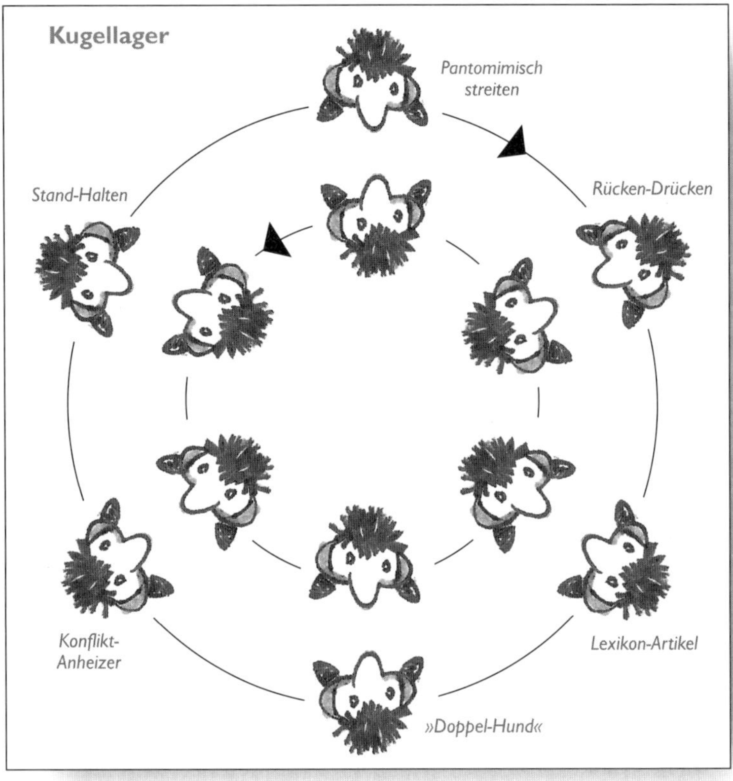

Als spielerischer Einstieg in die Thematik »Konflikt und Aushandeln« wird im Seminarraum ein Parcours aufgebaut. Teilen Sie die Gruppe in einen Außen- und einen Innenkreis, so dass je zwei Teilnehmer/-innen einander gegenüberstehen. Nach ca. 5 Minuten pro Parcours-Station wechselt der Außenkreis eine Station weiter nach links, der Innenkreis nach rechts, so dass alle einer neuen Station und einem/einer neue/n Partner/-in gegenüber stehen (Kugellager). Der Parcours kann z.B. folgende Stationen haben:

- *Pantomimisch Streiten: Zwei Teilnehmer/-innen agieren ohne Worte, nur über Körpersprache einen imaginären Konflikt aus, spielen auf der Kla-*

viatur ihrer typischen Konfliktkörpersprache und probieren für sie neue Varianten aus.

- *Konfliktvermeidungs-Dialog: Zwei Teilnehmer/-innen begeben sich in einen harmonisierenden Konflikt-Dialog, indem sie in typischen konfliktvermeidenden Redewendungen sprechen, z.B. »Ist doch gar nicht so schlimm, dass wir die Übung hier machen müssen« …*
- *«Ja« – »Nein«: Streiten mit verteilten Rollen, aber ohne Inhalt. Ein/e Teilnehmer/-in sagt 2 Minuten »ja«, während der/die andere mit »nein« reagiert. Danach Rollenwechsel und Austausch.*
- *Rücken-Drücken: Zwei Teilnehmer/-innen stellen sich Rücken an Rücken aneinander und versuchen sich gegenseitig vom Platz und aus dem Stand zu bringen.*
- *Konflikt-Anheizer: Zwei Teilnehmer/-innen führen einen Dialog mit typischen konfliktschürenden Redewendungen, z.B. »Wenn du dich nur ein bisschen anstrengen würdest, könnten wir es schaffen« …*
- *Stand-Halten: Zwei Teilnehmer/-innen stellen sich, die Handflächen einander zugewandt, gegenüber und versuchen trotz gegenseitigem Druck der Handflächen aufeinander, den eigenen Stand zu bewahren.*
- *»Was du nicht willst, das man dir tut …«: Auf einem Plakat ist Platz für die spontanen Assoziationen und Ideen der Teilnehmer/-innen bezüglich Volksmund, Sprichwörter und Redewendungen zum Thema Konflikt.*
  Beispiele:
  »Streiten am Abend verdirbt den Magen.«
  »Wie du mir, so ich dir.«
  »Streiten will gelernt sein.«
  »Streiten wie Hund und Katz'.«
  »Wer anderen eine Grube gräbt, fällt selbst hinein.«
  »Ja, aber …«
  »Andere Mütter haben auch schöne Töchter.«
  »Getrennt von Tisch und Bett.«
  »Du liegst mir im Magen.«
  »Das schönste am Streit ist die Versöhnung.«

»Einer allein hat nie die ganze Schuld.«
»Du bist doch nur zum Streiten aufgelegt.«
»Wer schreit, hat Unrecht.«
»Dem Streit aus dem Weg gehen.«
»Reden ist Silber, Schweigen ist Gold.«
»Wenn sich zwei streiten, freut sich der Dritte.«
»Ein gewonnener Prozess ist immer ein verlorener.«

- *Hände-Klatschen: Ein altes Kinderspiel neu entdeckt. Zwei Teilnehmer/-innen falten die Hände – die Fingerspitzen deuten auf das Gegenüber und berühren sich – und versuchen die Hände des Gegenübers zu erwischen.*
- *Doppel-Hund: Zwei Teilnehmer/-innen zeichnen ohne zu sprechen gleichzeitig mit einem Stift auf ein Blatt Papier einen Hund.*
- *Lexikon-Artikel: Die Teilnehmer/-innen verfassen einen Lexikon-Artikel bzw. eine Definition zum Thema Konflikt.*
  Stichwörter dazu:
  »Meinungsverschiedenheit«
  »unterschiedliche Interessen stoßen aufeinander«
  »faires Streiten«
  »unterschiedliche Befindlichkeit«
  »im Moment keine Lösung, Angst vor Veränderung«
  »Handgreiflichkeiten«
  »verbale oder nonverbale Auseinandersetzung«
  »unterschiedliche Wege zur Lösung«
  »Fronten«
  »Auseinandersetzung wegen Ungleichheit«

3.1 Konfliktentstehung und Konfliktlösung

Entstehung und Notwendigkeit von Konflikten

Um die Notwendigkeit von Konflikten anzuerkennen, hilft es, die Entwicklung unserer Welt, von Völkern bis hin zur Entwicklung einzelner Meinungen unter die Lupe zu nehmen. Wir finden drei wesentliche Dualitäten (Gegensatzpaare), in deren Spannungsfeld Konflikte entstehen und vonstatten gehen und an denen der Sinn von Konflikten deutlich wird *(Schwarz, 1999):*

- Die Dualität von Selektion – Integration
- Die Dualität von Komplexität – Simplizität
- Die Dualität von Veränderung – Bewahrung

1. Die **Dualität von Selektion – Integration**
Entwicklungsgeschichtlich haben Konflikte ihren Sinn in Auswahlprozessen (z.B. den geeignetsten Menschen für eine bestimmte Aufgabe zu finden oder die überzeugendste Idee für eine Problemlösung). Es geht um Konkurrenz von Menschen und/oder Meinungen, es geht um Über- und Unterordnung des Siegers und Verlierers, es entstehen Hierarchien. Gleichzeitig sind Konflikte dazu da, den Gruppenzusammenhalt her- bzw. wiederherzustellen (Integration), indem die durch Konkurrenz erzeugten Besser- und Schlechter-Bewertungen überprüft und auf die Gruppennorm hin ausgehandelt werden: Ist der Mensch/die Meinung noch innerhalb einer Gruppe tragbar oder geht es um Ausschluss aus der Gruppe oder gar um Veränderung der Gruppennorm? All dies sind Handlungen, die der dynamischen Balance entsprechend zum Ziel haben, Sicherheit und Einheit(lichkeit) innerhalb der Gruppe wiederherzustellen. Sie sind meist Verhandlungen und Aushandlungen, also Kommunikationsprozesse.

2. Die **Dualität von Komplexität – Simplizität**
Wir leben mit einer Vielfalt von Standpunkten, einer Menge von Einfällen, in der Gegensätzlichkeit von Blickwinkeln. Die Welt ist ein komplexer Ort – und was immer deutlicher wird: mit wenig Sicherheit und Verbindlichkeit. Um der Komplexität, den vielen Details und der Individualität Rechnung zu tragen, damit auch Fortschritt im Eigenen wie im Allgemeinen möglich wird, entstehen Konflikte bzw. sind sie nötig dazu. Um zu Entscheidungskriterien zu kommen, braucht es Konflikte.

An diesem letzten Punkt beginnt die Frage nach den gemeinsamen Nennern der vielen ge- bzw. versammelten Standpunkte, also die Frage nach dem Thema, der Überschrift oder der gemeinsamen Kategorie, unter der die Einzelbedürfnisse ein gemeinsames Dach finden. Hier wird Komplexität auf der nächsthöheren Ebene zusammengefasst und damit simplifiziert. Auch dies geschieht in einem diskursiven Prozess und muss ausgehandelt werden.

3. Die **Dualität von Veränderung – Bewahrung**
Der Balanceakt zwischen Verändern und Bewahren beschreibt die dritte Dualität, wenn es um die Frage nach der Notwendigkeit von Konflikten geht. »Das Motto der auf Veränderung ausgerichteten Konflikte lautet: Das Alte hat ausgedient, das unsichere Experiment des Neuen muss gewagt werden.« *(Schwarz, 1999, 26)* Dieses Motto ist gerade zu Beginn des neuen Jahrtausends besonders aktuell. Ausgehandelt wird gesellschaftlich, politisch und individuell, was neu wird oder werden muss und auf welchem zu bewahrenden Boden dies geschehen soll. Dass dabei die Einschätzungen über das Neue und über den zu bewahrenden Boden beträchtlich auseinandergehen, ist diesem Gegensatz zutiefst eigen und begründet die Konfliktnotwendigkeit ein weiteres Mal. Darüber hinaus ist »nicht allein das Tempo des Wandels ein anderes geworden. Die Veränderung selbst hat sich verändert. Früher galt

Veränderung als ein in sich abgegrenzter Zwischenabschnitt, der lange Phasen der Stabilität und Kontinuität für kurze Zeit unterbrach. Heute dagegen müssen wir uns darauf einstellen, dass das Leben in und mit dauerhaft instabilen, turbulenten, unkalkulierbaren Umwelten zum ganz normalen Alltag gehört.« *(Barz, 2000, 31)*

Grundmuster der Konfliktlösung

Neben die Betrachtung über die Dualitäten der Konfliktnotwendigkeiten kann in Bezug auf die Grundmuster der Konfliktlösung das Stufenmodell von *Gerhard Schwarz (1999)* gelegt werden:

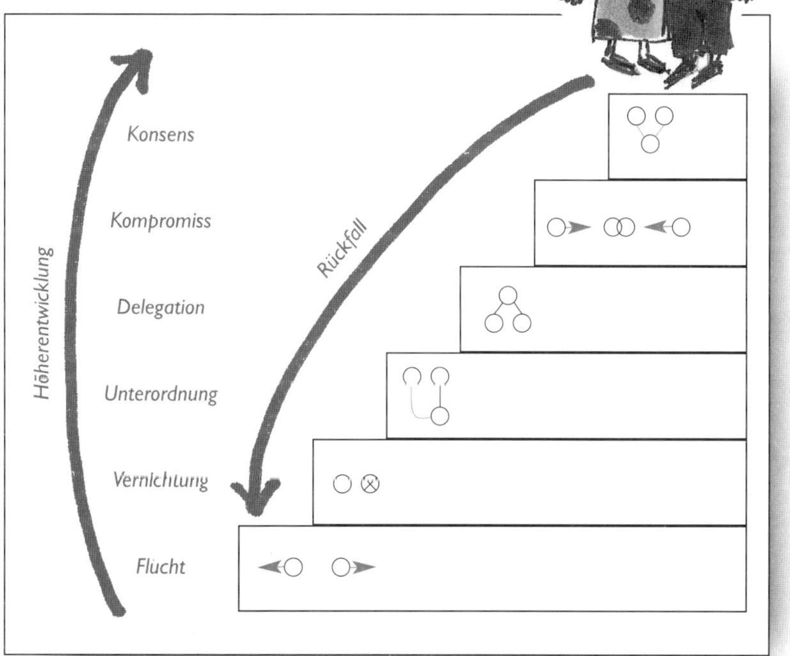

Grundmuster der Konfliktlösung nach G. Schwarz

(aus: Schwarz G., Konfliktmanagement. Gabal-Verlag, Wiesbaden 1999)

Hier wird eine Höherentwicklung verdeutlicht – und zwar menschheitsgeschichtlich, biografisch und auf einzelne Konfliktsituationen hin betrachtet. Höherentwicklung bezeichnet dabei die stufenweise Aneignung von **Aushandlungskompetenz** und damit die Abkehr von »ursprünglich-instinkthaften Verhaltensmustern« *(Schwarz, 1999, 219)*.

Eine ganz ähnliche Kategorisierung von Konfliktmustern ergibt sich durch die Unterscheidung »Orientierung an eigenen Zielen und Belangen« und »Orientierung an Zielen und Belangen der Gegenpartei« *(Berkel, 1995)*. Parallel zur Flucht-Stufe liegt der Stil

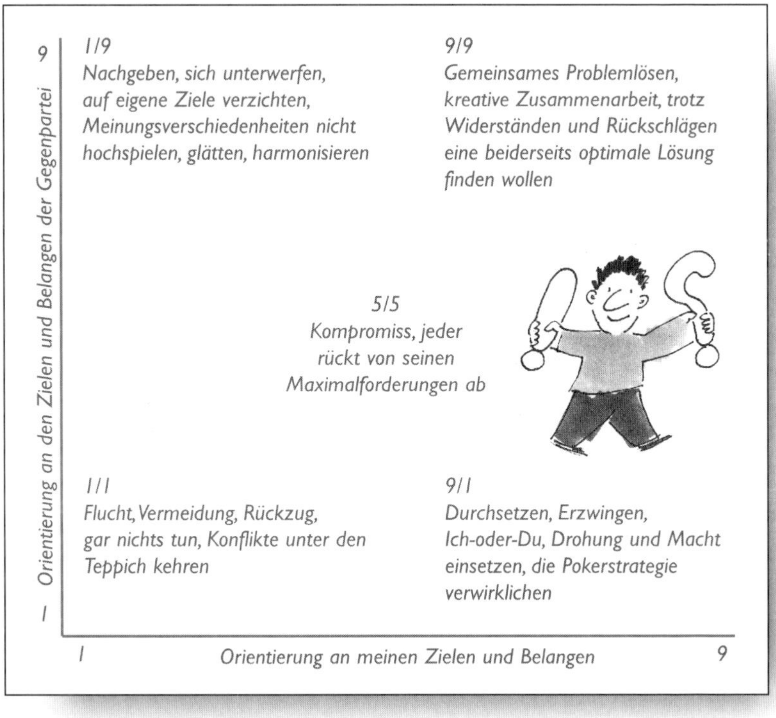

Konfliktstile und Konfliktlösung nach K. Berkel

(aus: Berkel, Karl; Konflikttraining. Konflikte verstehen, analysieren und bewältigen. Sauer-Verlag, Heidelberg 1999)

1/1, zur Vernichtungsstufe der Stil 9/1, zur Unterordnung 1/9, zum Kompromiss 5/5 und zum Konsens 9/9. Ein Äquivalent zur »Delegation« finden wir in diesem Modell nicht, das würde ja eine dritte Person oder Instanz erfordern.

Die Strategien, die auf der Stufe des Kompromisses und des Konsenses notwendig sind, erfordern eine bewusste Horizonterweiterung – nämlich die Bereitschaft, auf die Konzepte »Gewinner – Verlierer«, »Täter – Opfer«, »Schuldiger – Unschuldiger« zu verzichten (▷ *die Ausführungen zum Dramadreieck, Seite 152*). Anstatt sich über die bereits verschüttete Milch aufzuregen, den Schuldigen ausfindig zu machen und sie oder ihn zu diffamieren (Problemorientierung), gilt es, lösungs- bzw. ergebnisorientiert gemeinsam nach Möglichkeiten der Problembehebung und des Umgangs mit ähnlichen Problemen in Zukunft zu suchen.

Was sich hier fast lapidar und sehr einfach in einem Satz ausdrücken lässt, ist für die meisten von uns im täglichen Verwirklichen eine schier unüberwindliche Hürde. Für nahezu jeden neuen Konflikt beginnen wir instinktiv die Treppen der Konfliktmuster von unten an zu besteigen, denken als erstes an Flucht, verharmlosen den Konflikt, probieren dann entweder die radikale Orientierung an unseren eigenen Zielen und Belangen, sind also auf Durchsetzen und Kampf aus – oder wir geben nach, ordnen uns den Standpunkten und Meinungen des/der anderen unter. Wenn wir dann feststellen, dass uns die Thematik noch immer keine Ruhe lässt, probieren wir entweder »mehr des selben«, beginnen den Tanz um »schuldig« und »unschuldig« von vorne, oder wir versuchen eine/n bisher unbeteiligte/n Dritte/n einzuspannen und an sie/ihn den Bewältigungsauftrag zu delegieren. All dies ist durchaus legitim und nicht an sich verwerflich, denn es drückt ja auch mein Ringen um das für diese Situation und mich stimmige Verhalten aus.

Allerdings bringt es langfristig eher keine zufriedenstellenden Ergebnisse – dessen sollte ich mir bewusst sein.

Erst ab der Stufe des Kompromisses arbeiten wir dann mit unserem Konflikt-Gegenüber wirklich partnerschaftlich und selbstverantwortlich an einer so genannten »win-win« (beide sind »Gewinner«) Lösung. Der Grundgedanke dabei ist, dass beide Menschen mit beiden Standpunkten grundsätzlich akzeptiert sind *(»ich bin o.k. – du bist o.k.«, vgl. Harris, 1993)* und dass eine wirkliche Konfliktbewältigung erst stattgefunden hat, wenn alle Parteien etwas gewonnen haben. Das müssen nicht die gleichen Dinge sein, aber die Aspekte müssen für die/den Einzelne/n bedeutsam und wertvoll sein.

Beispiel

Markus und Matthias wohnen in einer WG und streiten sich regelmäßig um den Sauberkeitsgrad der Wohnung. Nachdem sie gerade wieder vier Wochen versucht haben, mit dem herrschenden Zustand ohne Klärung klar zu kommen (»Flucht« nach dem Motto: »Vielleicht haben wir uns da ja in was reingesteigert«) werfen sie sich Worte wie »spießig« und »verschlampt« in mehr als einer Variante um die Köpfe (Versuch der »Vernichtung« der Bedürfnisse des anderen bzw. »Unterordnung« der eigenen Bedürfnisse, nach dem Motto: »deine Schlamperei ist nicht auszuhalten und ich dulde sie keinen Tag länger« und »ab heute werde ich mich zusammenreißen«). Auch die Konfliktdelegation haben sie schon versucht, in dem sie einige Freunde um die Einschätzung der Lage gebeten haben – die haben jedoch frühzeitig den Braten gerochen und sich jeder Stellungnahme enthalten.
Jetzt sitzen die beiden zusammen und verhandeln. Hilfreich ist ihnen dabei, sich erst einmal gegenseitig ganz genau die individuell typischen streitauslösenden Situationen, die subjektiv bedeutsamen Themen, die daran gekoppelt sind und die heftigen Gefühlsausbrüche bedingen, zu schildern. Bei sich zu bleiben, über sich Auskunft zu geben fällt ihnen gar nicht so leicht,

immerhin haben sie sich seit einem halben Jahr hauptsächlich mit Vorwürfen bedacht.

Der Ertrag dieser ersten Anstrengung ist ein deutlich erweiterter Horizont bezüglich der Hintergründe des Verhaltens jedes Einzelnen und dadurch erste Verständnisreaktionen. Beide versuchen in Selbstverantwortung ehrlich ihre Bedürfnisse zu formulieren und signalisieren trotzdem Bereitschaft, Raum zu schaffen für die Bedürfniserfüllung des anderen (z.B. »Jetzt wo ich weiß, dass Bücher für dich so kostbar sind, kann ich verstehen, dass es dir in der Seele weh tut, wenn ich mir mit Eselsohren was einmerke und sie aufgeschlagen auf dem Bauch liegen lasse«, »Wollmäuse unterm Bett erinnern mich schrecklich an den versifften Haushalt meiner Großeltern, als sie schon sehr gebrechlich waren; da kriege ich immer ein schlechtes Gewissen, mich nicht mehr um sie gekümmert zu haben, also versuch ich hier die Erinnerung daran wegzuputzen«).

Den Lösungsweg beschreiten die beiden, indem sie sich gegenseitig die Frage stellen: »Was brauchst du für eine zufriedenstellende Lösung unbedingt, was wäre schön und was muss nicht unbedingt sein?« Sie stellen Prioritätenlisten auf, vergleichen die unabdingbaren Dinge miteinander und basteln unter der Vorgabe »Sowohl meine als auch deine Bedürfnisse werden verwirklicht« Lösungsvorschläge. Dabei kann z.B. herauskommen, dass dem einen Geld weniger wichtig ist als Zeit mit seinen Büchern zu verbringen und es ihm deshalb leichter fällt, gegen die Wollmäuse mit einer Reinigungskraft anzugehen als selbst Zeit zu investieren, und dass für den anderen putzen ein kontemplativer Akt ist und er gerne selber putzt, nicht jedoch, wenn es der Dreck von mehr als zwei Wochen ist und auch ohne die Wäsche.

In diesem Zusammenhang geht es immer wieder um Selbstverantwortung. Und Selbstverantwortung ist ein schweres Wort im Vergleich zum neuerdings postulierten »Lebensästheten«, der aus der Orientierungslosigkeit eine Tugend macht *(Goebel & Clermont, 1997)*. Aber genau hier, wo es nicht um Werteverfall geht, sondern wo »nur die Vielfalt und Widersprüchlichkeit von Einstellungen und Selbstbezügen … das Fundament (bilden), auf dem das Gebäude der Zivilgesellschaft dauerhaft und stabil stehen kann« *(Goebel & Clermont, 1997, 11)*, gehören Kenntnisse und Werkzeuge des Ver- und Aushandelns – wie oben an unserem Beispiel gezeigt – neben Toleranz zur Grundausstattung des Weltbürgers des beginnenden Jahrtausends. Insofern ist Selbstverantwortung das durchaus zukunftsträchtige Konzept. Das Individuum als eigene Referenz, gekoppelt mit selbstreflexiven Elementen, Informationen aus dem Außen prüfend. Als Bewertungs- und Entscheidungsgrundlage dient eher das eigene Selbstbild und die individuelle Wertekonstruktion als eine äußere übergreifende Moral. Statt an dieser Stelle den Zeigefinger des Egoismus und Egozentrismus zu schwingen und über deren Gefahren zu lamentieren, ist wohl eher ein bildungspolitischer Schritt angesagt: Selbstwertstärkung, Selbstbilddifferenzierung und -klärung, Entwicklung von Werkzeugen zu verantwortlichem und verantwortetem Umgang mit diesem so gestalteten Selbst. Dieser Zusammenhang findet in den letzten Jahren nicht zuletzt in Diskussion, Forschung und Entwicklung um das Thema »emotionale Intelligenz« seinen Platz *(u.a. Goleman, 1996; Brockert & Braun, 1996)*.

Was ist nun eigentlich Aushandlungskompetenz genau? Wie erlange ich sie? Welche Voraussetzungen zum erfolgreichen Aushandeln müssen geschaffen sein? Welche Schritte kann ich tun, um mir diese Kompetenz anzueignen?

Auf den folgenden Seiten haben wir typische Ausgangsprobleme und Vorschläge zu deren Bewältigung ausgearbeitet. Dabei werden Sie als Leser/in im Zentrum unserer Bemühungen stehen – nicht Ihre imaginären Konfliktpartner. Unser Ziel ist in erster Linie, Selbstklärung, Selbstreflexion und damit auf solidem Boden Selbstverantwortung (s.o.) zum Wachsen zu bringen.

3.2 Woher kommt's – meine Konfliktbiografie

Anregung für Sie selbst

Fertigen Sie eine Liste von zehn spontanen Assoziationen zum Thema »Ich und Konflikte« an.

Beim Thema „Ich und Konflikte" denke ich an …	*Bewertung (+/0/–)*

Werten Sie jeden Begriff oder Sachverhalt nach der für Sie subjektiven Bedeutung: + für positive Bedeutung, 0 für neutrale Bedeutung, – für negative Bedeutung.
Ziehen Sie Bilanz und zählen die je positiven, neutralen und negativen Begriffe zusammen. Welche überwiegen? Überrascht Sie das? Deckt sich das Ergebnis mit Ihrer Einschätzung über Konflikte? Hätten Sie vor zehn Jahren wohl ähnliche Begriffe und ähnliche Wertungen vergeben? Wenn ja, warum?, Wenn nein, was hat sich verändert? Sind Sie damit zufrieden? Welche Schlüsse ziehen Sie daraus? (Berkel, 1995, 9)

Diese Assoziationsliste gibt einen Einblick in Ihre aktuellen Einstellungen Konflikten gegenüber – und diese Sichtweisen werden hauptsächlich im Laufe Ihrer Biografie unter dem Eindruck konkreter Konflikterfahrungen gewachsen sein.

Jenseits unserer angelegten instinkthaften Konfliktverhaltensweisen (Flucht, Angriff, Über- oder Unterordnung) sind Erziehung, Sozialisation und gesellschaftliche Prägung für unser aktuelles und tatsächliches Konfliktverhalten ausschlaggebend.

Wenn auf Ihrer Assoziationsliste mehr negative als positive Begriffe stehen, liegt die Einschätzung nahe, dass Sie Konflikte als destruktiv beurteilen und Sie in der Konflikthandlung eher Vertuschen und Ignorieren wählen. Diese Verhaltensweisen führen tendenziell zur Konflikteskalation. Sollten Sie mehr positive Begriffe gesammelt haben, scheinen Sie Konflikte eher als Motor für Fortschritt und Wandel zu sehen und sind einem konstruktiven Konfliktmanagement nicht abgeneigt bzw. sorgen selbst dafür. Diese Verhaltensweisen haben eher die Chance, zur Deeskalation und zur Innovation zu führen.

Auf die Frage, warum auch unliebsames oder mich störendes Verhalten so leicht nicht veränderbar ist, kann folgender Kreislauf Antwort geben. Die vier Faktoren, die unsere Konfliktbewältigung beeinflussen, stehen miteinander in Wechselwirkung, bedingen und verstärken sich gegenseitig und »spuren« sich sozusagen von alleine über die Zeit ein.

- Wahrnehmung: Wie habe ich Konflikte erlebt und wie erlebe ich Konflikte, was blieb und bleibt in meinem Wahrnehmungsnetz an Signalen und Impulsen hängen?
- Gefühle: Welche Gefühle sind mit Konflikten und meiner Rolle darin verbunden, z.B. Ohnmacht, Aggression, Lust …?
- Verhalten: Wie verhalte ich mich aufgrund meiner Gefühle in Konflikten? Wie gelingt die Bewältigung des Konflikts?

- Einstellung zu Konflikten: Diese Reihung beeinflusst meine Einstellung zu Gefühlen und bestimmt, was ich in einem nächsten Konflikt wie wahrnehme.

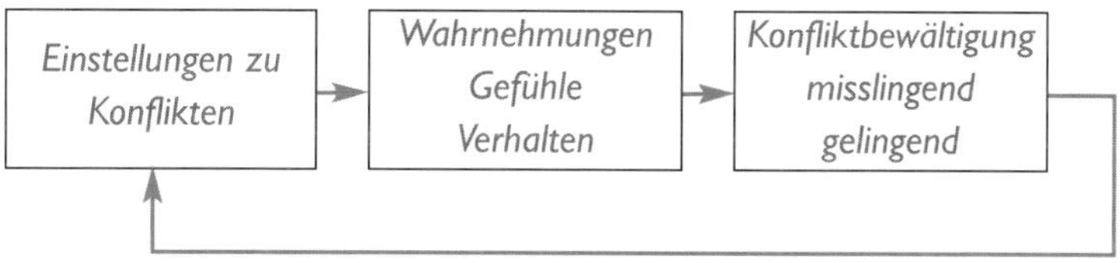

Kreislauf der Konfliktbewältigung
(aus: Berbel, Karl, Konflikttraining. Sauer-Verlag, Heidelberg 1999)

Diese Aspekte sind in der folgenden Übung schon in den Fragebogen eingewoben. Sie haben daneben auch im Aushandlungsprozess mit den »inneren Stimmen« eine Bedeutung (▷ *Kap. 2, Entscheidungskompetenz).*

Vor Veränderungsansätzen kommt am besten erst der Schritt der Bestandsaufnahme, z.B. so:

▶ Anregung für Sie selbst

Machen Sie eine Zeitreise in Ihre Vergangenheit, in die Zeit Ihrer Kindheit und Jugend und begeben Sie sich auf die Suche nach exemplarischen Konfliktsituationen.
Verorten Sie auf einem DIN A3-Blatt im nachfolgenden Koordinatensystem (die horizontale Achse bezeichnet das Lebensalter, die senkrechte Achse Ihr positives bzw. negatives Erleben) mit Symbolen und kurzer Charakteristik die jeweiligen Konflikte (mit wem, worüber, wie lange, welches vorherrschende Gefühl, wer hat sich wie verhalten?).
Verbinden Sie anschließend die Punkte zu einer »Konflikt-Fieberkurve«.
Versuchen Sie mit folgenden Fragen Ihrer Einstellung gegenüber Konflikten auf die biografische Spur zu kommen:

- *Welche Situationen habe ich als konflikthaft* wahrgenommen?
- *Welche Konflikt-Vorbilder (positiv wie negativ) habe ich in meiner Biografie erlebt?*

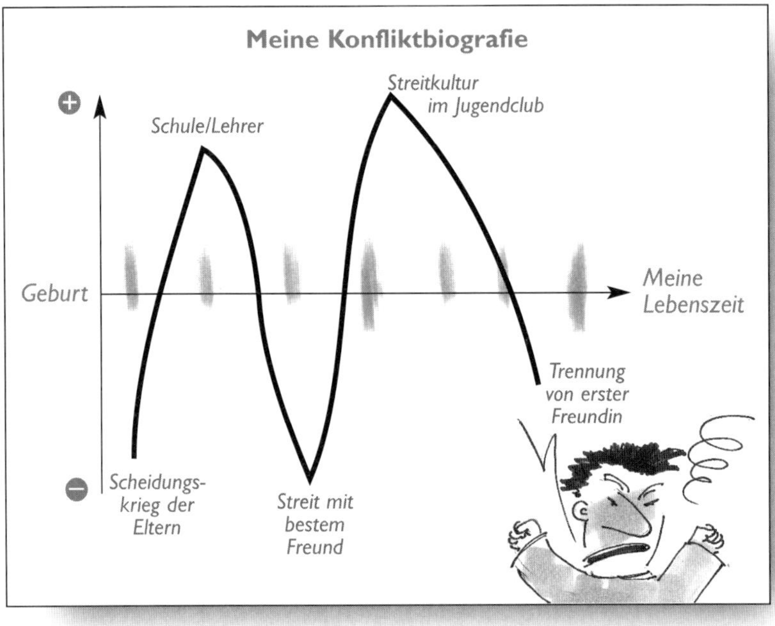

- Welche persönlichen Verhaltensweisen in Konfliktsituationen wurden von Eltern, Erzieher/-innen und Freunden belohnt und bestärkt, welche abgelehnt, welche tabuisiert?
- Welche Gefühle vor, während und nach einem Konflikt sind mir in der Rückschau präsent?
- Welche »Konfliktvorschriften« (also Einstellungen) galten in meiner Familie? Zum Beispiel: »Der Klügere gibt nach«, »Wer schreit, hat Unrecht«, »Bei uns geht's doch harmonisch zu« …
- War der Streit mit einem bestimmten Familienmitglied »erlaubt«, mit einem bestimmten Familienmitglied »verboten«? Was waren die Begründungen dafür? Und was stand dahinter?
- Wer hatte (vorhersagbar) »Recht«, wer »Unrecht«?
- Wie wurden Lösungen gesucht und gefunden (z.B. »Der Herr im Haus hat das letzte Wort«, »Wir diskutieren das aus«, »Reden ist Silber, Schweigen ist Gold«)?

Anregung für die Gruppe

Die oben genannten Fragen können Grundlage für eine Schreibmeditation sein. Der/die Leiterin liest die Fragen vor, die Teilnehmer/-innen notieren ihre Antworten. Danach folgt der Austausch der Antworten und Erkenntnisse in vertrauten Paar- oder Kleingruppen.

Nach dieser Bestandsaufnahme kann der nächste Schritt getan werden – in Richtung Einstellungs- und Verhaltensveränderung.

Um dafür aus den vorangegangenen Übungen Schlüsse und Erkenntnisse zu ziehen, mögen folgende Fragen helfen:

- Welche Konflikte in Ihrem Leben haben Sie besonders nachhaltig beeinflusst?
- Welche Gründe vermuten Sie dafür?
- Zu welcher Einstellung Konflikten gegenüber hat Sie das gebracht (früher und heute im Vergleich)?
- Auf welche »Konfliktvorschriften« sind Sie noch gestoßen? Haben diese sich bis heute verändert? Wenn ja, wann und wodurch? Wie geht es Ihnen damit?
- Gibt es Konflikte von früher und welche in aktuellerer Zeit, die sich qualitativ ähneln? Worin?
- Beschreiben Sie die Menschen, mit denen Sie die Konflikte hatten bzw. haben! Was lösen diese Menschen bei Ihnen aus? Sind sich die Menschen, mit denen Sie diese Konflikte haben, ähnlich? Worin?

Irgendwann kommt der Punkt, einschätzen zu können, ob und wie weit ich mir durch diese biografische Arbeit über meine eigenen Einstellungen und Verhaltensweisen klar geworden bin. Dabei hilft es, folgende Indikatoren heranzuziehen, die im Zusammenhang mit emotionaler Intelligenz beschrieben werden *(Brockert & Braun, 1996):*

Selbst-Bewusstsein, Selbst-Management, Selbst-Motivation, Empathie und Engagement. Die ersten drei Aspekte beziehen sich auf die so genannte intrapersonelle Intelligenz, haben also mit der eigenen Person und dem persönlichen Innenleben, dessen Kenntnis und adäquaten inneren Umgangsformen zu tun:

- Selbst-Bewusstsein: sich selbst und das eigene (Gefühls-)Leben kennen.
- Selbst-Management: mit eigenen Stimmungen, Gefühlen, Ängsten stressreduziert umgehen können.
- Selbst-Motivation: sich selbst an Herausforderungen wachsen lassen, mit Frustrationen konstruktiv umgehen, für eigene Weiterentwicklung sorgen.

Diese drei Aspekte können die Grundlage sein, auf der auch zwischenmenschliche Konflikte ihrer Bewältigung entgegengehen.

3.3 Die Wahrnehmung anderer

Bevor wir ins äußere Aushandeln, in die soziale Interaktion in einem Konfliktfall gehen oder geraten, haben wir wahrgenommen – uns selbst und das Gegenüber. Meist vermischt sich die sekundenschnelle Wahrnehmung ineinander, in eine pfeilschnelle Abfolge von Botschaften und Rückmeldungen, verbal und nonverbal. Dabei flankieren die körpersprachlichen Anteile die Begegnung oft als schwerwiegendster Bestandteil der Kommunikation und des Konflikts.

Dieser Abschnitt verfolgt das Ziel, unsere Vorstellungen von Wahrheit, Objektivität und Tatsachen zu erschüttern, zumindest zu verunsichern (▷ *auch Kap. 1 in diesem Band*). So können wir zu einem vorurteilsfreieren, weniger bewertenden, dafür wertschätzenden Leben gelangen: Zuerst mit uns selbst und im zweiten Schritt mit anderen.

In der Wissenschaft beschäftigt sich mit diesem Thema die »Wirklichkeitsforschung«, der **Konstruktivismus** *(Watzlawick, Glasersfeld u.a., ▷ die Vorstellung des Konstruktivismus in Kapitel 1, Seite 23ff.)*, aber auch die Wahrnehmungspsychologie. Untersucht wird, wie wir Menschen (und nicht nur wir Menschen) uns unsere Wirklichkeit konstruieren, abhängig von unserem Standpunkt, unserer Blickrichtung, unseren biografischen Erfahrungen … Weil wir in vollständigem Chaos, in völliger Sinnlosigkeit nicht leben können, unternehmen wir mehr oder weniger bewusste und mehr oder weniger angestrengte Aktionen, Ordnung in unsere Umwelt zu bringen. Dadurch entstehen vermeintliche Übereinstimmungen, die im Detail schon kurz unter der Oberfläche ganz unterschiedliche Entstehungsgeschichten, Begründungen oder Schlussfolgerungen aufweisen.

(Denkt man über Konstruktivismus, die Subjektivität und Unsicherheit unserer Wahrnehmung weiter nach, könnte man schier verrückt werden – ver-rückt im Sinne von weggerückt. Um von etwas wegrücken zu können, muss ich vorher irgendwo hingerückt sein, also an einen bestimmten Ausgangspunkt, der mich einen bestimmten Blickwinkel auf die Welt, auf die Mitmenschen einnehmen lässt und den ich wieder verlassen muss, wenn ich mir der Konstruiertheit meiner Wirklichkeit bewusst werde.)

▶ Anregung für Sie selbst

Was fällt Ihnen spontan zu dem Stichwort »Blatt« ein?

Schreiben Sie drei bis fünf Ideen, Gedanken, Assoziationen auf und stellen Sie sich die Gegenstände oder Situationen bildlich vor, bevor Sie weiterlesen.

Zum Stichwort »Blatt« fällt mir spontan ein …

Je nach aktueller Situation, in der Sie sich befinden (z.B.: Sie sitzen vor diesem Buch, mit einem Schreibblock – mit »Papierblättern« oder Sie schauen beim Nachdenken aus dem Fenster und sehen, dass es Herbst wird, und die »Blätter« sich färben), wird Ihre Ideensammlung in eine andere Richtung gehen und andere Bilder, andere Wirklichkeiten rund um das Wort »Blatt« in Ihrem Kopf entstehen. Je nach persönlichem und/oder beruflichem Hintergrund haben Sie möglicherweise in Richtung Schützenverein (»Blatt«-schuss), in Richtung Heimwerker oder Schreinerei (Säge»blatt«, Tür»blatt«), in Richtung Kartenspiel (»ein gutes Blatt haben«), in Richtung Journalismus gedacht (Revolver»blatt«).
Und Sie werden unterschiedliche Gefühle dabei haben. Wenn Sie bei Herbstblättern an den nahenden Winter denken und sich in erster Linie auf Schnee zum Skifahren freuen, entsteht ein anderer emotionaler Zustand in Ihnen, als wenn Sie kurze Tage, wenig Sonne und kaum Wärme damit verbinden.

Was wir hören, sehen, schmecken oder riechen, nehmen wir wahr. Sobald wir das Wort »Blatt« gehört oder gelesen haben, wird es in unserem kognitiven System (▷ *Kap. 1, Deutungskompetenz)* verarbeitet. Das heißt, es entstehen Assoziationsketten, der Begriff wird mit Bekanntem verglichen, in die Nähe von Verwandtem gestellt, von Gegenteilen abgegrenzt und an einem Ort verknüpft, der dem

Kontext dieses Begriffs dem individuellen Verständnis nach entspricht.

Nachdem die Inhalte der kognitiven Systeme eines jeden Menschen nun ganz und gar individuell sind, sind auch die Verarbeitungsergebnisse zutiefst subjektiv, eben je nach Biografie, Herkunft, Lernstand, Interesse, subjektiver Befindlichkeit, momentaner Stimmungslage, aktuellem Ziel usw.

Ob es sich um gesprochene Worte oder Schrift handelt, Gegenstände oder Menschen – unser Teilhaben an der Welt funktioniert grob gesagt immer nach dem gleichen Muster: dem des **»Inneren Dreischritts«** *(vgl. u.a. Schulz von Thun, 1993, 72ff.):*

1. Wahrnehmen: Ich sehe, höre, rieche, schmecke, taste etwas.
2. Interpretieren: Ich messe dem Wahrgenommenen eine Bedeutung bei.
3. Fühlen: Aufgrund der Bedeutung entsteht ein Gefühl.

Dass Wahrnehmung kaum unter objektiven Bedingungen stattfinden kann, ist im Deutungskapitel schon angesprochen. Bei den Schritten »interpretieren« und »fühlen« versteht sich fast von selbst, dass sie hochgradig subjektive Prozesse sind.

Anregung für Sie selbst

Sie sitzen in der U-Bahn und nehmen den Ihnen gegenüber sitzenden Menschen wahr. Würden Sie mit ihr/ihm »Pferde stehlen«, sich am liebsten wegsetzen, ihm/ihr Ihren Hund in Pflege geben, einen Diebstahl zutrauen, sie/ihn nach dem Weg fragen, als Ratgeber befragen, als Steuerhinterzieher einschätzen …? Versuchen Sie innerlich nachzuvollziehen, wodurch Ihre Einschätzungen zustande kommen, welche Wahrnehmungen diese Einschätzungen speisen und welche Gefühle das unmittelbar auslöst.

Wenn Sie ihn/sie mögen, wenn Sie ihn/sie sympathisch finden, dann haben Sie in Sekundenbruchteilen den inneren Dreischritt durchlaufen – übrigens auch, wenn Sie ihn/sie abstoßend finden oder er/sie Ihnen egal ist. Sie sind bei einem Gefühl angekommen. Gehen Sie den Weg jetzt rückwärts: Welche Fantasien, Vorstellungen und Interpretationen haben Sie, wie Ihr Gegenüber lebt, was er/sie für ein Mensch ist, was er/sie mag, für Einstellungen hat usw. (2. Schritt: Interpretationen). Und jetzt der schwierigste Schritt: Aufgrund welcher Wahrnehmungen kommen Sie zu diesen Interpretationen? – Die nach unten gezogenen Mundwinkel, die dunkle Brille, die Lachfalten, die abgelatschten Schuhe, die teure Armbanduhr, das auffällige Make-up, … schon bei der teuren Armbanduhr und der auffälligen Schminke haben sich Interpretationen eingeschlichen. Für wen ist was teuer, für wen was auffällig? – Das kann subjektiv sehr unterschiedlich sein.

Meist ist es ein herausstechendes Merkmal, an dem sich unsere Interpretationsmaschinerie fast unwillkürlich in ungeahnter Schnelligkeit in Gang setzt. Wir beginnen dann – auch meist un- oder halbbewusst – nach weiteren Merkmalen mit einer ähnlichen Tendenz zu suchen, damit sie unsere Ausgangshypothese stützen. So kommen wir zu (Vor-)Urteilen, mit denen wir uns die Welt begreifbar und handhabbar machen. Wir würden, wenn wir nicht zu solchen »gedanklichen Schnellschüssen« fähig wären, kaum Orientierung erlangen, die Welt sehr kompliziert finden und fast nicht handlungsfähig sein. Einerseits brauchen wir also diese Routine zwischen wahrnehmen und reagieren, andererseits ist sie gerade der Stoff, aus dem Missverständnisse, Fehleinschätzungen, Vorurteile und nicht zuletzt Konflikte gewoben sind.

▶ Anregung für die Gruppe

Die Teilnehmer/-innen setzten sich zu zweit gegenüber – noch bevor sie sich kennen, also möglichst in der Anfangsphase der Gruppe – und sagen sich gegenseitig, was die/der eine in ihr/sein Gegenüber hineinfantasiert. Ohne Rücksicht auf »Wahrheit« kann es um die vermutete Lieblingsfarbe, das Hobby, die Wohn- und Lebenssituation, den Beruf, die Visionen, ja sogar den

Namen gehen. Das so eingeschätzte Gegenüber versucht nicht zu reagieren, weder bei passenden, noch bei überraschenden, noch bei ärgerlichen Fantasien – es sind die der/des anderen und müssen mit Ihrer Wahrheit nichts zu tun haben. In einer anschließenden Vorstellungs- oder Reflexionsphase im Plenum dürfen dann die übereinstimmenden und nicht übereinstimmenden Details verglichen werden. Lohnend ist die wiederholte Nachfrage des/der Leitenden, aufgrund welcher wahrgenommener Attribute es zu welcher Einschätzung gekommen ist, mit dem Ziel, sich in die Phasen des Dreischritts einzuüben.

Für Konflikte ist der klare Umgang mit eigenen Wahrnehmungen, Fantasien und Gefühlen von essentieller Bedeutung, weil er mich befähigt, mit mehr Transparenz bei mir zu bleiben, anstatt für mein Gegenüber eine scheinobjektive Wahrheit zu formulieren. Und auch wenn die beiden letzten Übungen von Fantasien über andere handeln, ist der eigentliche Erkenntniswert daran, dass die Ideen meinem Kopf und meinen Gedanken entspringen, dass sie also zuerst mit meiner Realität zu tun haben und nicht viel mit der Realität meines Gegenübers zu tun haben müssen. Wie viel von meiner Vorstellung über die/den andere/n übereinstimmt mit deren/dessen eigener Einschätzung, darüber eben will im Einzelfall verhandelt werden. Genau deshalb mag es immer wieder faszinierend für uns sein, wenn wir tatsächlich Übereinstimmungen untereinander feststellen, was Vorlieben, Werte, Abneigungen, Rituale usw. angeht. Das haben Sie vielleicht in der letzten Übung erkennen können, finden es aber auch zu Beginn jeder Freundschaft oder Liebe.

3.4 Ich und die anderen – Vermitteln und Aushandeln zwischen innen und außen

Der im voraus gegangenen Abschnitt vorgestellte innere Dreischritt Wahrnehmen – Interpretieren – Fühlen braucht eine Entsprechung im Außen, wenn es darum geht, innere Prozesse zu kommunizieren und für andere verstehbar zu machen.

Der große Unterschied zwischen dem Satz »*Du* bist immer so ungeduldig« und »*Mir* fällt auf, dass du mit den Fingern auf den Tisch trommelst« liegt neben der Tatsache, dass ich statt einer Interpretation eine Wahrnehmung formuliere, im Kommunikationsmuster. Formulierung 1 ist eine so genannte **»Du-Botschaft«,** während der zweite Satz eine so genannte **»Ich-Botschaft«** formuliert. Von mir, meiner Wahrnehmung ausgehend, könnte ich im nächsten Schritt meine Interpretation transparent machen »Mein Eindruck ist, du bist nervös«. Und es würde nicht wirklich nach einem Vorwurf klingen, sondern vielmehr nach einem Verstehensangebot. Wenn ich den Satz noch als Frage formuliere, klingt es nicht, als wollten Sie Ihr Gegenüber als Zappelphilipp diffamieren, sondern nach Interesse und bestenfalls nach »Spiegelungs-Angebot«: »Mir kommt's so vor, als seist du sehr nervös, ist das so?«. Mit dem dritten Schritt machen Sie dann letztendlich auch noch Ihre emotionale Reaktion deutlich, indem Sie z.B. sagen »Ich merke, wie mich das verunsichert, weil ich nicht weiß … und selber nervös werde.«

An diesem Beispiel wird deutlich, wie Projektion funktioniert: Eine Regung, die sich bei mir manifestiert, schreibe ich meinem Gegenüber zu … und der ist dann »schuld« … und ich finde es ungeheuerlich, wenn er sich dann wehrt … und er hat natürlich mit dem Streiten angefangen, weil wenn er nicht so streitsüchtig wäre … und alles nur, weil er mich so aufregt mit seiner Nervosität.

So setzt sich ein Thema auf das andere, die Konfliktanlässe schaukeln sich in Sekundenbruchteilen mit einer Verletzung nach der anderen in (nicht wirklich) ungeahnte Höhen.

Anregung für Sie selbst

Machen Sie eine Liste mit Du-Botschaften aus dem letzten Streit, an dem Sie beteiligt waren (von Ihnen gesendet oder von Ihrem Gegenüber). Formulieren Sie in einer Spalte daneben diese Sätze in Ich-Botschaften um. Versuchen Sie das Ganze als mehr als nur eine grammatische Übung zu sehen. Spüren Sie der unterschiedlichen Bedeutung und Atmosphäre nach, die transportiert wird.

Zum Beispiel könnte auf Ihrer Liste stehen:
»Du bist ungerecht.«
»Dir kann man ja nichts mehr glauben.«
»Sie sollten mal denken, bevor Sie reden.«
»Du hast ja nicht mehr alle Tassen im Schrank.«

In Ich-Botschaften formuliert, könnten die Sätze so lauten:
»Ich fühle mich ungerecht behandelt.«
»Ich tu mir schwer, dir noch zu glauben.«
»Ich kann Ihren Gedankengang schwer nachvollziehen.«
»Es verwirrt mich, was du mir sagst.«

Gewarnt sei vor falschen Ich-Botschaften, die vor die kränkende Du-Botschaft schlicht ein »Ich finde, …« setzen, z.B. »Ich finde, du bist doof«. Damit ist niemandem gedient, sie wirken im Gegenteil eher noch konflikteskalierender, weil sich das Gegenüber zusätzlich manipuliert fühlt.

Anregung für die Gruppe

In Dreier-Gruppen äußert ein/e Teilnehmer/-in konfliktträchtige Du-Botschaften. Die beiden anderen hören diese und bieten Möglichkeiten für dahinter steckende Ich-Botschaften an.

Vielleicht ist Ihnen bei den Übungen mit den Du-Botschaften aufgefallen, dass diese auch deshalb konfliktträchtig sind und sich Aushandlungsprozessen eher spröde entgegenstellen, weil sie verletzend auf uns wirken. Das hat mehrere Gründe:

- Oft schleichen sich Verallgemeinerungen ein: »Immer«, »Nie«, »Alle«, »Keiner« ...
- Du-Botschaften klingen, als wären wir im Besitz der objektiven Wahrheit und wüssten besser über den/die andere/n Bescheid als er/sie selbst.
- Sie beinhalten Be- oder Verurteilungen und Etikettierungen.

Gegen solche »feindlichen Übernahmen« wehren wir uns fast instinktiv, denn wir fühlen uns nicht in unserer Individualität und Einzigartigkeit wertschätzend wahrgenommen. Dass unsere Reaktion dann oft den gleichen Charakter hat, wie das, wogegen wir uns wehren, fördert nur den Eskalationseffekt in Konflikten und ist »mehr des selben« *(Watzlawick)*

Beispiel

Klaus und Maria haben sich am Telefon heftig gestritten. Es ging um die gemeinsame Urlaubsplanung. Klaus wollte – wie schon in den letzten fünf Jahren – nach Südtirol, Maria an die französische Atlantikküste. Als Maria ihn erzürnt einen »sturen Langweiler« nannte, legte er einfach auf. Am darauffolgenden Tag reden sie über den Telefonstreit mit seinem schnellen Ende:

Maria: Du hast mich gestern ja wirklich abgewürgt. Einfach den Hörer aufknallen – das ist ja typisch von dir: Wenn du nicht mehr weiter weißt, dann entziehst du dich einfach.
Klaus: Und dass du »sturer Langweiler« zu mir sagst, das findest du wohl in Ordnung. Wenn dir mal was nicht in den Krempel passt, dann wirst du ausfallend. Aber das kennen wir ja schon.
Maria: Nun mach mal halblang. Du warst es doch, der das Gespräch abgebrochen hat. Bloß weil du dich nicht umstellen willst. Du könntest ja mal eine neue Erfahrung machen.
Klaus: Ja, und du brauchst immer was Neues. Keine Ruhe, kein Ausruhen. Immer bist du auf der Flucht. Du solltest dich mal mehr mit dir selber beschäftigen …

Zwar ist das Du auch in den meisten Ich-Botschaften noch enthalten, jedoch ist die Botschaft sehr viel näher an dem/der Sender/-in angekoppelt und teilt meist ein (essentielles) Gefühl mit. Darüber hinaus übernimmt in der Ich-Botschaft der/die Sender/-in Verantwortung für sich und seine/ihre innere Reaktion. Das macht es möglich, dass sich das Gegenüber nicht sofort angegriffen fühlt und zum verbalen Gegenschlag rüstet – sondern vielleicht nachfragt, wodurch dieses Gefühl entstanden ist. Das erleichtert eine Verständigung über die individuellen Interpretationen und Wahrnehmungen (Schritt 2 und 1 im Dreischritt) und enthebt beide Streitpartner/-innen aus dem Stress, Recht haben zu müssen und die »Unrecht-Rolle« immer wieder der/dem anderen zurückschieben zu müssen. Die Chance dabei ist, die Gemeinsamkeiten zu entdecken, statt die Unterschiedlichkeiten hervorzuheben.

▶ Beispiel

Maria: Ich möchte mit dir über unser gestriges Telefonat reden. Magst du?
Klaus: Ja, ich halte das auch für nötig. Mir ist die ganze Sache heute Nacht noch ziemlich nachgegangen.

Maria: Ich bin ganz schön sauer, weil du einfach aufgelegt hast. Ich hatte gar keine Chance mehr, noch etwas zu sagen.
Klaus: Und ich war auf 180 wegen des »sturen Langweilers«. Ich war sehr verletzt. Ich bin's noch immer.
Maria: Ich geb's zu: Das war nicht nett von mir. Aber ich war so enttäuscht, weil ich mit meinem Frankreich-Vorschlag bei dir nicht landen konnte. Ich möchte so gerne mal was Neues sehen, was anderes erleben.
Klaus: Und für mich ist es eben so entspannend, an einen vertrauten Ort zu fahren, wo ich Land und Leute schon kenne …

An diesem Beispiel wird deutlich, wie Ich-Botschaften auch zu Mitteilungen über die eigene Lebenswelt (▷ *Deutungskompetenz, Kap. 1)* beitragen, somit dem Gesprächspartner Informationen über die subjektiven Deutungen geben und also Verständnis fördern können. Dann wird es fast leicht, mit dem gewonnenen Wissen über die/den anderen an Lösungen zu arbeiten, die die Bedürfnisse von beiden berücksichtigen. Darauf verzichten zu verletzen, sondern zu verstehen, darauf verzichten Recht zu haben, sondern zu verhandeln – das sind Verhaltensweisen, die zur so genannten »Jeder-gewinnt-Strategie« zählen *(Gordon, 1993)*. Grundlage dabei ist die Idee, statt *»entweder ich* (meine Meinung, mein Interesse …) *oder du* (deine Meinung, dein Interesse…) mit der Haltung *»sowohl* deines *als auch* meines« zu verhandeln. Dabei sind mehrere Ansätze denkbar:

- Zeitliche Horizonterweiterung: Erst das eine, dann das andere
- Örtliche Horizonterweiterung: Hier das eine, dort das andere
- Detailschau: Vom einen diese(s) Detail(s), vom anderen jene(s)
- Eine Mischung aus den drei genannten Ansätzen

Für unser Beispiel könnte eine Lösung lauten: Dieses Jahr fahren Maria und Klaus noch einmal nach Südtirol, für nächstes Jahr planen sie die Atlantikküste (zeitliche Horizonterweiterung). Ein Tribut an Maria, die Neues sehen will, ist für dieses Jahr, nicht im gleichen Südtiroler Ort wie die letzten Jahre zu wohnen (örtliche Horizonterweiterung) und auch andere Aktivitäten zu planen als in den Jahren zuvor (Detailschau). Ein Tribut an Klaus, der im Urlaub Vertrautes liebt, kann sein, dass beide den Frankreich-Urlaub frühzeitig vorbereiten, von Freunden Informationen einholen, einen mittelgroßen Ort aussuchen, der Geborgenheit ausstrahlt und/oder eine Hauptaktivität in diesem Urlaub das Wandern sein wird, an dem sich Klaus auch in Südtirol erfreut.

Anregung für Sie selbst

Überdenken Sie Ihren letzten Streit. Identifizieren Sie möglichst viele »ja, aber«-Stellen im Dialog und solche, wo Du-Botschaften überhand nahmen. Probieren Sie in der Rekapitulation, statt »ja, aber« Fragen zu stellen und an Stelle der Du- Ich-Botschaften zu formulieren. Auch wenn Sie jetzt im »Trockentraining« keine Antworten von Ihrem Streitpartner bekommen, können Sie doch der atmosphärischen Veränderung durch die Umformulierungen nachspüren und fantasieren, wie das Gespräch so wohl verlaufen wäre. Stellen Sie bei Ihrem nächsten Streit immer wieder die Frage »Wie könnte eine stimmige Lösung aussehen, von der sowohl ich als auch du profitierst?«

Anregung für die Gruppe

Der/die Leiter/-in gibt den Du-Botschaften-Dialog von Maria und Klaus als Kopie in Vierer-Gruppen. 1. Zwei Teilnehmer/-innen versetzen sich in die Rollen, lesen szenisch den Dialog und bauen ihn nach Belieben aus. 2. Nach maximal fünf Minuten sind die zwei anderen Teilnehmer/-innen aufgefordert, den eben gehörten Streit in einen Ich-Botschafts-Dialog zu übersetzen. 3. Nach weiteren fünf Minuten folgt in der Vierer-Gruppe ein Austausch über die unterschiedliche Wirkung und Informationsausbeute.
In einem vierten Schritt sollen die Teilnehmer/-innen versuchen anhand der vier Erweiterungsmöglichkeiten für »Jeder-gewinnt-Strategien« (s.o.) eine Lö-

sung auszuhandeln. Dazu kann der/die Leiter/-in auch eine der Vierer-Gruppen in einen Innenkreis bitten. Im Anschluss reflektieren Beobachter und Rollenspieler die angewendeten Strategien.

Dramadreieck

Aus der Transaktionsanalyse (▷ *Kap. 1, Deutungskomptenz*) kommt ein einfaches aber lehrreiches Modell zur Erklärung von Konfliktdynamiken. Es arbeitet mit drei klassischen Rollenmustern: Verfolger, Opfer, Retter *(Gührs & Novak, 1995, Stewart & Joines, 1997)*, wobei die Rolle des Verfolgers transaktionsanalytisch durch den Zustand des kritischen Eltern-Ichs ausgedrückt ist, die Rolle des Opfers durch das angepasste Kind-Ich und die Rolle des Retters durch das fürsorgliche Eltern-Ich. In der Terminologie von *Thomas A. Harris (1993)* hat der Verfolger die Einstellung »Ich bin o.k. – du bist nicht o.k.«, das Opfer die Einstellung »Ich bin nicht o.k. – du bist o.k.« und der Retter die Einstellung »Ich bin o.k. – du bist nicht o.k.«.

Auffallend ist, dass der Zustand des Erwachsenen-Ichs in diesem Zusammenhang nicht vorkommt, genauso fehlt die Einstellung »Ich bin o.k. – du bist o.k.«. Und genau dieser Sachverhalt ermöglicht das »Spiel« im Dramadreieck und also das Verhaften in Konflikten. Umgekehrt ermöglicht das Kommunizieren aus dem Zustand des Erwachsenen-Ich mit der Einstellung »Ich bin o.k. – du bist o.k.« den Ausstieg aus dem Dramadreieck.

Am folgenden Beispiel wird deutlich, wie leicht wir in Dramadreiecke geraten können, wie wenig in ihnen tatsächlich ausgehandelt wird und wie hilfreich der bewusste Ausstieg aus der Dreiecksdynamik sein kann, wenn es mir um die Aushandlung von Positionen und Standpunkten, um Verständigung und letztlich um Konfliktbewältigung geht.

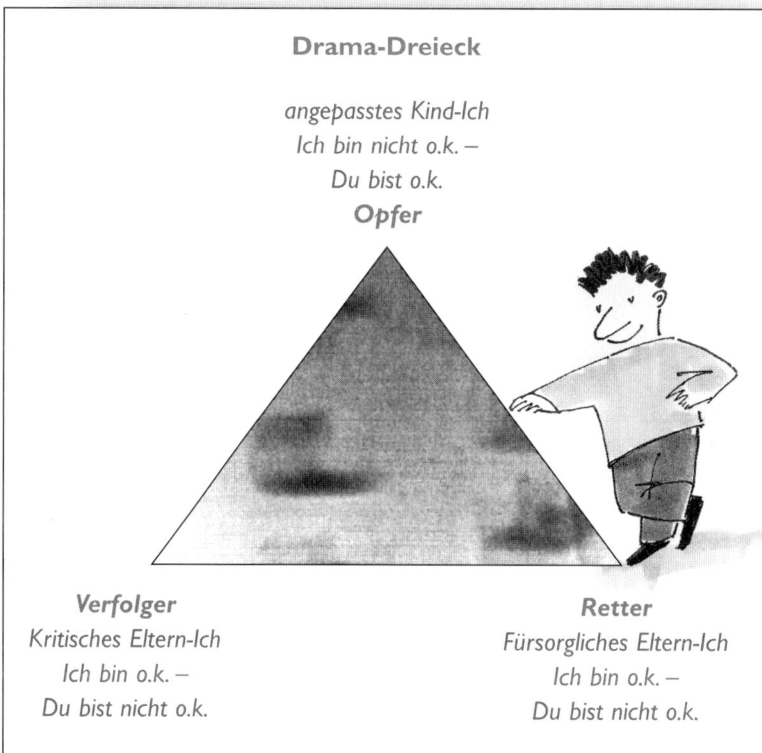

Beispiel

Maria Müller, Bertram Busch sind Kollegen und sitzen mit Ihrem Chef Cornelius Cock in einem Gespräch. C.C. will an einen der beiden Kollegen eine verantwortungsvolle Aufgabe delegieren.

1. *C.C.: Ich möchte jetzt endlich eine Entscheidung, wer die Organisation unserer 100-Jahr-Feier übernimmt. Das Getue geht jetzt schon seit Wochen, damit muss jetzt Schluss sein.*
2. *M.M.: Das denke ich mir ja wieder, dass Sie da auf uns kommen – wie soll das denn neben den ganzen anderen Projekten auch noch gehen?*

3. *B.B.: Ja, aber eine 100-Jahr-Feier ist schon wichtig für unser Unternehmen. Das versteh ich schon.*
4. *M.M.: Das war ja klar, dass du dich wieder einschleimst und zuallererst »Hier« schreist, du Karrieregeier.*
5. *B.B. schweigt und senkt den Kopf.*
6. *C.C.: Frau M., wollen Sie etwa nicht vorwärts kommen hier im Unternehmen? Mir fällt schon lange auf, dass Sie wenig Kampfgeist zeigen.*
7. *B.B.: Doch, ich weiß genau, dass sie das will. Hast du mir nicht letztens erst gesagt, du wartest auf eine Karrierechance – sie hat's wirklich nicht so gemeint. Sie kann's vielleicht nicht so gut zeigen. Oder Sie kriegen das vielleicht nicht so richtig mit.*
8. *C.C.: Herr B., ich brauche Ihre Übersetzung nicht und Frau M. wird wohl für sich selber sprechen können.*
9. *B.B. patzig: Wenn Sie meinen, dann halt nicht.*
10. *M.M.: Ich bin wirklich irrsinnig überarbeitet und weiß gar nicht, wo mir der Kopf steht.*
11. *C.C.: Das ist ja wohl ein Einteilungsproblem …, wenn Sie Ihre Arbeit so effektiv machen würden wie Herr B., dann …*

Lesen Sie den Dialog und versuchen Sie für jede Wortmeldung einer der drei Personen seine/ihre Rolle(n) im Dramadreieck herauszufinden. Manchmal kann ein und dieselbe Person zwei Rollen inne haben.

Auswertung

1. *C. verfolgt M. und B.*
2. *M. verfolgt C., versucht mit gleicher Münze heimzuzahlen, um die Verfolgung abzuwehren.*
3. *B. rettet C., indem er M. in den Rücken fällt.*

4. *M. verfolgt B.*
5. *B. geht in die Opferrolle.*
6. *C. verfolgt M.*
7. *B. rettet M. und verfolgt gleichzeitig C.*
8. *C. kontert durch Verfolgung von B.*
9. *B. ist beleidigt und in der Opferrolle.*
10. *M. versucht, da der Angriff nicht zu fruchten scheint, die Opferrolle.*
11. *C. verfolgt M. und rettet B., den er gerade noch verfolgt hat.*

Anregung für Sie selbst

Skizzieren Sie Ihren letzten Disput bzw. Streit anhand des Dramadreiecks – sei es mit Kollegen, Partner/-in oder mit Freunden. Wer hat wann wem gegenüber welche Rolle eingenommen? Wer ist an welcher Stelle umgeschwenkt. Wodurch ist der Streit beendet worden und was war/ist das Ergebnis? In welchen Rollen finden Sie sich wem gegenüber wieder? Wie geht es Ihnen damit? Wie könnte ein Ausstieg aus dem Dramadreieck aussehen, wie könnten an verschiedenen Stellen Sätze lauten, die einen solchen Ausstieg einläuten?

In unserem Beispiel-Dialog könnte ein Ausstieg aus dem Drama-Dreieck durch das bewusste Kommunizieren im »Viereck« gelingen

Sachebene
„Es ist unklar, wer die 100-Jahr-Feier vorbereitet."

Selbstkundgabe
„Ich bin nicht überrascht, aber auch nicht erfreut über Ihr Anliegen."
„Ich bin überarbeitet."
„Es macht mir keine Freude."
„Ich will nicht noch mehr arbeiten."

Nachricht
„Das denke ich mir ja wieder, dass Sie da auf uns kommen – wie soll das denn …"

Appell
„Lassen Sie uns/mich damit in Ruhe!"
„Überlegen Sie sich gut, was Sie uns/mir noch zumuten können!"

Beziehungsebene
„Sie beuten uns aus."
„Wir sind hier nicht einer Meinung/auf einer Wellenlänge."

Die vier Seiten einer Nachricht

Mit »Viereck« ist in Anlehnung an *Friedemann Schulz von Thun* das Modell der »vier Seiten einer Nachricht« gemeint (▷ *auch in diesem Band Seite 52)*. Würden unsere Darsteller im Dialog bewusst und explizit an entsprechenden Stellen sachliche von Beziehungs-Botschaften trennen, Appelle deutlich aussprechen statt zu verschleiern und nicht zuletzt von ihrer eigenen Befindlichkeit reden (Selbstkundgabe), hätte das selbstverantwortliche Erwachsenen-Ich eine Chance und wir könnten mehr Möglichkeiten für eine inhaltliche Klärung und deeskalierende Beziehungsdynamik erkennen.

Was ist, wenn mein/e Konfliktpartner/-in dieses Buch nicht gelesen oder kein Konfliktseminar besucht hat? Wenn er/sie weiterhin unfair ist, Du-Botschaften verwendet, verletzt, kompromisslos ist, nichts von »win-win«-Strategien weiß oder wissen will? Für diese bangen Fragen, die sich der eine oder die andere Leser/in am Ende dieses Bandes stellen mag, gelten von unserer Seite folgende Mutmacher:

Ich kann und brauche nur mich ändern, nicht den/die andere/n. Und dadurch, dass ich in Bewegung komme, kann mein Gegenüber nicht wirklich unverändert verharren.

Außerdem gibt es Konflikte, die sich festgefressen haben, wo Sie alles in Ihrem Repertoire Verfügbare versucht haben und trotzdem keine Lösung in Sicht ist. Hier ist sich schützen, Grenzen setzen oder sich der Situation entziehen möglich. Wo also die individuelle Aushandlungskompetenz an ihre Grenzen gerät, liegt die Frage nahe »Was ist es, was mich an diesem Streit festhalten lässt?« Diese Gründe für bisheriges Festhalten zu finden und sich bewusst zu machen kann die Entscheidung erleichtern, an welchen Stellen ich die Fesseln des Konflikts lösen kann. Das Ziel ist, innerlich Abstand zu nehmen, scheinbar fest gefügte Wichtigkeiten und Notwendigkeiten zu verrücken, andere Perspektiven einzunehmen.

Was würde passieren, wenn mir der Konflikt nicht mehr wichtig wäre? Welcher Teil in mir hat einen Gewinn von dem Konflikt? Kann ich diesen Teil anders zufrieden stellen?

Konflikte loslassen – hier schließt sich der Kreis dieses Kapitels und beginnt gleichzeitig eine Schleife in die Zukunft.

Vom Klären der eigenen Konfliktbiografie über die Bewusstmachung innerer Bewertungsprozesse hin zur Wahrnehmung und Aushandlung mit anderen haben wir den Weg des Aushandelns von innen nach außen gezeichnet und kommen jetzt wieder im Innen an – dort wo wir in Fällen von Unlösbarkeit zurückkehren zu uns selbst und um unseres Seelenheils willen in Selbstverantwortung die innere Balance wiederherstellen müssen. Der Weg in die Zukunft ist der hin zu Heilungsprozessen durch die Herausforderung des Konfliktes und den damit verbundenen Lernaufgaben – und auch die Verknüpfung hin zu jenem Kapitel im dritten Band, das sich mit der menschlichen Unvollkommenheit beschäftigt und auch sie zu einer Kompetenz erklärt: unsere Fehlbarkeit und unsere Fähigkeit mit Fehlern umzugehen – kreativ, bereichernd und nicht zuletzt auch lustvoll.

Literatur

(Grundlegende Literatur zum Weiterlesen ist mit * versehen)

Arnold, Rolf & Schüßler, Ingeborg (1996): Deutungslernen in der Weiterbildung – zwischen biografischer Selbstvergewisserung und transformativem Lernen. Grundlagen der Weiterbildung – Zeitschrift, 7 (1), 9–14.

Baer, Ulrich u.a. (Hrsg., 1997): *Lernziel Lebenskunst: Spiele, Projekte, Konzepte und Methoden für Jugendarbeit und Schule.* Seelze: Kallmeyer'sche.

Bandler, R. (1995): *Time for a change. Lernen, bessere Entscheidungen zu treffen.* Paderborn: Junfermann.

Barz, Heiner (2000): Lebenskunst: Die Balance zwischen Muss und Muße. *Psychologie Heute,* (9), 30-35.

Beck, Ulrich & Beck-Gernsheim, Elisabeth (Hrsg., 1994). *Riskante Freiheiten: Individualisierung in modernen Gesellschaften.* Frankfurt: Suhrkamp.

Beck, Ulrich (1986): *Risikogesellschaft.* Frankfurt: Suhrkamp.

Beck, Ulrich (Hrsg., 1997): *Kinder der Freiheit.* Frankfurt: Suhrkamp.

Beck, Ulrich u.a. (1995): *Eigenes Leben. Ausflüge in die unbekannte Gesellschaft, in der wir leben.* München: Beck.

*Berkel, Karl (1995): *Konflikttraining. Konflikte verstehen und bewältigen* (4. Aufl.). Heidelberg: Sauer.

Bertelsmann Forschungsgruppe Politik (Hrsg., 2000): *Toleranz. Grundlage für ein demokratisches Miteinander.* Gütersloh: Bertelsmann.

Birkenbihl, Vera F. (1997): *Fragetechnik schnell trainiert. Das Trainingprogramm für Ihre erfolgreiche Gesprächsführung* (8. Aufl.). Landsberg: mvg.

Block, J. R. & Yuker, H. E. (1984): *Können Sie Ihren Augen trauen? Kartenspiel.* New York: Time Life.

Bohm, David (1998): *Der Dialog. Das offene Gespräch am Ende der Diskussionen.* Stuttgart: Klett-Cotta.

Brezinka, Wolfgang (1986): *Erziehung in einer wertunsicheren Gesellschaft. Beiträge zur praktischen Pädagogik* (2., verb. Auf.). München: Reinhardt.

Brokert, Siegfried & Braun, Gabriele (1996): *Das EQ-Testbuch. Wie groß ist Ihre emotionale Intelligenz?* München: Heyne.

Buber, Martin (1997): *Das Dialogische Prinzip* (8. Aufl.). Gerlingen: Schneider.

Csikszentmihalyi, Mihaly (1999): *Lebe gut! Wie Sie das Beste aus Ihrem Leben machen.* Stuttgart: Klett-Cotta.

Deutsche Bibelgesellschaft u. a. (1982): *Die Bibel in heutigem Deutsch: Die gute Nachricht des Alten und Neuen Testaments* (2., durchges. Aufl.). Stuttgart.

Dörig, Bruno (1998): *Lebenskunst oder vom achtsamen Umgang mit sich, mit anderen und mit der Natur.* München: Kösel.

Ernst, Heiko (1996): *Psychotrends. Das Ich im 21. Jahrhundert.* München: Piper.

Ernst, Heiko (1999a): Gesünder, gelassener, glücklicher leben: sechs wirklich gute Vorsätze für das Jahr 2000. *Psychologie heute,* 26 (12), 20-27.

Ernst, Heiko (1999b): Was wir morgen können müssen. *Psychologie heute,* 26 (4), 21-25.

Fiederle, Xaver (1985): *Vom Ich zum Selbst. Verhaltenstraining.* Freiburg: Bildungswerk.

Fricke, Wolfgang (1991): *Frei reden.* Frankfurt: BundVerlag.

Gabriel, Karl (1993): *Zwischen Tradition und Postmoderne. Die gesellschaftlichen Strömungen unserer Zeit als Herausforderung der kirchlichen Erwachsenenbildung.* Freising: Kardinal-Döpfner-Haus.

Geißler, Karlheinz A. & Orthey, Frank Michael (1998, 17./18. Januar): Am Ende des Berufs. *Süddeutsche Zeitung,* 53.

Geue, Bernhard (1993): *Entscheidungstraining in der Erwachsenenbildung. Problemlösen als Krisenbewältigung.* Baden-Baden: Nomos-Verlag.

Goebel, Johannes & Clermont, Christoph (1997): *Die Tugend der Orientierungslosigkeit.* Berlin: Volk & Welt.

* Goleman, Daniel (1996): *Emotionale Intelligenz.* München: Hanser.

Gomez, Peter & Probst, Gilbert (1999): *Die Praxis des ganzheitlichen Problemlösens: vernetzt denken, unternehmerisch handeln, persönlich überzeugen* (3. unveränd. Aufl.). Bern: Haupt.

Gordon, Thomas (1993): *Managerkonferenz: effektives Führungstraining* (9. Aufl.). München: Heyne.

Grom, Bernhard (1997): *Damit das Leben gelingt.* München: Kösel.

Gronemeyer, Marianne (1993): *Das Leben als letzte Gelegenheit. Sicherheitsbedürfnisse und Zeitknappheit.* Darmstadt: Wissenschaftliche Buchgesellschaft.

* Gührs, Manfred & Nowak, Claus (1995): *Das konstruktive Gespräch. Ein Leitfaden für Beratung, Unterricht und Mitarbeiterführung mit Konzepten der Transaktionsanalyse* (3. überarb. und erweit. Aufl.) Meezen: Limmer.

Hahn, Rolf-Michael & Stickel, Nicolai (2000): *Gut gefragt ist fast gewonnen: erfolgreiche Fragetechniken für Beruf und Privatleben.* Reinbek: Rowohlt.

Harris, Thomas A. (1993): *Ich bin o.k. – du bist o.k. Eine Einführung in die Transaktionsanalyse.* Reinbek: Rowohlt.

Hartkemeyer, Martina u.a. (1998): *Miteinander denken. Das Geheimnis des Dialogs.* Stuttgart: Klett-Cotta.

* Hennig, Gudrun & Pelz, Georg (1997): *Transaktionsanalyse: Lehrbuch für Therapie und Beratung.* Freiburg: Herder.

Hense-Ferch, Sabine (1999, 4./5. September): Arbeiten auf Abruf. *Süddeutsche Zeitung,* VI/1.

Hentig, Hartmut von (1999): *Ach, die Werte: über eine Erziehung für das 21. Jahrhundert.* München: Hanser.

Heuser, Uwe Jean (1999): Mensch im Netz. Die Spielregeln der Informationsgesellschaft. *GDI-Impuls,* 17 (2), 14-21.

Hoeg, Peter (1994): *Fräulein Smillas Gespür für Schnee. Roman.* München: Hanser.

Hohl, Joachim & Reisbeck, Günter (Hrsg., 1993): *Individuum Lebenswelt Gesellschaft. Texte zur Sozialpsychologie und Soziologie.* München: Profil.

Isert, B. (1996): *Die Kunst schöpferischer Kommunikation.* Paderborn: Junfermann.

Jakubeit, Gudrun & Schattenhofer, Karl (1996): Fremdheitskompetenz: ein Weg zum aktiven Neben- und Miteinander von Deutschen und Fremden. *Neue Praxis* (5), 389-408.

Kaiser, Arnim (1990): Lebensweltorientierter Ansatz. In: Grundlagen der Weiterbildung e.V. (Hrsg.), *Grundlagen der Weiterbildung – Praxishilfen* (6.20.10). Neuwied: Luchterhand.

Kast, Verena (1998): *Abschied von der Opferrolle. Das eigene Leben leben.* Freiburg: Herder.

Keupp, Heiner & Höfer, Renate (Hrsg.). (1997): *Identitätsarbeit heute. Klassische und aktuelle Perspektiven der Identitätsforschung.* Frankfurt: Suhrkamp.

*Keupp, Heiner (1994): Ambivalenzen postmoderner Identität. In: Beck, Ulrich & Beck-Gernsheim, Elisabeth (Hrsg.), *Riskante Freiheiten: Individualisierung in modernen Gesellschaften,* 336-350. Frankfurt: Suhrkamp.

Keupp, Heiner (1994a): *Psychologisches Handeln in der Risikogesellschaft. Gemeindepsychologische Perspektiven.* München: Quintessenz.

Keupp, Heiner (1998, 8. April): Ich muss mich einmischen. *Die Zeit,* 14.

* Keupp, Heiner (1999): Ohne Angst verschieden sein können. Riskante Chancen in einer postmodernen Gesellschaft. In: Klingenberger, Hubert & Krecan-Kirchbichler, Brigitte (Hrsg.): *Nicht mehr sicher, aber frei:* Erwachsenenbildung in der Postmoderne, 11-28. München: Don Bosco.

Keupp, Heiner u.a. (1999): *Identitätskonstruktionen: das Patchwork der Identitäten in der Spätmoderne.* Reinbek: Rowohlt.

* Klingenberger, Hubert & Krecan-Kirchbichler, Brigitte (Hrsg., 1999): *Nicht mehr sicher aber frei. Erwachsenenbildung in der Postmoderne.* München: Don Bosco.

Klingenberger, Hubert (1992): *Ganzheitliche Geragogik. Ansatz und Thematik einer Disziplin zwischen Sozialpädagogik und Erwachsenenbildung.* Bad Heilbrunn: Klinkhardt.

Klingenberger, Hubert (1998): Lernen im Erwachsenenalter. In: Zintl, Viola, *Lernen mit System, 1-29.* München: Urban & Schwarzenberg.

Kraft, Peter, B. (1998): *NLP-Handbuch für Anwender. NLP aus der Praxis für die Praxis.* Paderborn: Junfermann.

Ledoux, Joseph (1998): *Das Netz der Gefühle: wie Emotionen entstehen.* München: Hanser.

Mindpower (1995): *Die richtige Entscheidung treffen. Neue Wege zu zielsicherem Handeln.* Amsterdam: Time-Life-Verlag.

Moeller, Michael Lukas (1988): *Die Wahrheit beginnt zu zweit. Das Paar im Gespräch.* Reinbek: Rowohlt.

Müller, Kurt R. & Mechler, Moritz (1999): *Verstehen und Handeln im betrieblichen Ausbildungsalltag: »fallorientierte berufspädagogische Fortbildung für betriebliches Ausbildungspersonal« (Bd. 2: Materialband).* München: Bayerisches Staatsministerium für Arbeit und Sozialordnung, Familie, Frauen und Gesundheit.

Müller, Kurt R. (1993): Annäherungen an ein Bildungskonzept. In: Faulstich-Wieland, Hannelore u.a. (Hrsg.), *Geschichte und Erwachsenenbildung (Literatur- und Forschungsreport Weiterbildung, Nr. 31,* 91-100). Frankfurt: Pädagogische Arbeitsstelle des Deutschen Volkshochschulverbandes.

Müller, Kurt R. (1999): Andeuten – Ausdeuten – Umdeuten: Erwachsenenbildung als Reibung subjektiver Deutungen. In: Klingenberger, Hubert & Krecan-Kirchbichler, Brigitte (Hrsg.), *Nicht mehr sicher, aber frei: Erwachsenenbildung in der Postmoderne,* 30-55. München: Don Bosco.

Müller, Kurt R. u.a. (1997): *Verstehen und Handeln im betrieblichen Ausbildungsalltag: »fallorientierte berufspädagogische Fortbildung für betriebliches Ausbildungspersonal«* (Bd. 1: Ergebnisse). München: Bayerisches Staatsministerium für Arbeit und Sozialordnung, Familie, Frauen und Gesundheit.

Negt, Oskar (1999): Was künftig gelernt werden sollte: Schlüsselqualifikationen für die Zukunft. In: Jobelius, Sebastian u.a. (Hrsg.), *Bildungs-Offensive. Reformperspektiven für das 21. Jahrhundert, 58-70.* Hamburg: VSA.

Nuber, Ursula (2000): Mit Herz und Verstand. Wie Sie Entscheidungen treffen, die Sie später nicht bereuen müssen. *Psychologie Heute,(1)*, 20-27.

Nuber, Ursula (Red.). (1999): *Psychologie heute compact: Lebenskunst.* Weinheim: Beltz.

Pichler, Martin (2000): Inneren Zwiespalt zulassen. *Wirtschaft & Weiterbildung* (2), 32-34.

Rosenstiel, Lutz von (1994): *Mitarbeiterführung in Wirtschaft und Verwaltung: Anstöße zur Ermutigung.* München: Bayerisches Staatsministerium für Arbeit und Sozialordnung, Familie, Frauen und Gesundheit.

Rüttinger, Rolf & Kruppa, Reinhold (2000): *Übungen zur Transaktionsanalyse: Praxis der Transaktionsanalyse in Beruf und Organisationen* (3. Aufl.). Hamburg: Windmühle.

Saul, Siegmar (1995): *Führen durch Kommunikation. Gespräche mit Mitarbeiterinnen und Mitarbeitern* (2. Aufl.). Weinheim: Beltz.

Schaffer, Ulrich (1989): *Ich liebe … und die Welt entfaltet sich.* O.O.: Groh.

* Schmid, Wilhelm (1999): *Philosophie der Lebenskunst: eine Grundlegung* (3., korr. Aufl.). Frankfurt: Suhrkamp.

Schönpflug, Wolfgang & Schönpflug, Ute (1983): *Psychologie. Allgemeine Psychologie und ihre Verzweigungen in die Entwicklungs-, Persönlichkeits- und Sozialpsychologie. Ein Lehrbuch für das Grundstudium.* München: Urban & Schwarzenberg.

Schott, B. & Birker, K. (1996): *Mut zur Entscheidung*. Reinbek: Rowohlt.

* Schulz von Thun, Friedemann (1998a): *Miteinander reden 1+2: Störungen und Klärungen/Stile, Werte und Persönlichkeitsentwicklung.* Reinbek: Rowohlt.

* Schulz von Thun, Friedemann (1998b): *Miteinander reden 3: Das ‚innere Team' und situationsgerechte Kommunikation.* Reinbek: Rowohlt.

Schwarz, Gerhard (1999): *Konfliktmanagement. Konflikte erkennen, analysieren, lösen* (4. Aufl.). Wiesbaden: Gabler.

Seitz, Rudolf (1998): *Phantasie und Kreativität. Ein Spiel-, Nachdenk- und Anregungsbuch.* München: Don Bosco.

Sennett, Richard (1998): *Der flexible Mensch. Die Kultur des neuen Kapitalismus* (7. Aufl.). Berlin: Berlin-Verlag.

Siebert, Horst (1994): *Lernen als Konstruktion von Lebenswelten: Entwurf einer konstruktivistischen Didaktik.* Frankfurt: VAS.

Siebert, Horst (1997): Dialog als »Wärmemetapher«? Oder: Die Normalität des Mißverstehens. *DIE Zeitschrift für Erwachsenenbildung (3),* 20-22.

Siebert, Horst (1999): *Pädagogischer Konstruktivismus. Eine Bilanz der Konstruktivismusdiskussion für die Bildungspraxis.* Neuwied: Luchterhand.

Speck, D. (1990): *Erfolgreiche Problemlösung. Das ZIMT-Modell.* Düsseldorf: Econ.

Steiner, Claude (1997): *Emotionale Kompetenz.* München: Hanser.

Stewart, Ian & Joines, Van (2000): *Die Transaktionsanalyse. Eine Einführung.* Freiburg: Herder.

Swaaij, Louise van & Klare, Jean (2000): *Atlas der Erlebniswelten.* Frankfurt: Eichborn.

Thomann, Christoph & Schulz von Thun, Friedemann (1988): *Klärungshilfe: Handbuch für Therapeuten, Gesprächshelfer und Moderatoren in schwierigen Gesprächen.* Reinbek: Rowohlt.

Ulsamer, Bertold (1995): *Exzellente Kommunikation mit NLP: als Führungskraft den Draht zum anderen finden.* Offenbach: Gabal.

Vester, Frederic (1999): *Die Kunst vernetzt zu denken: Ideen und Werkzeuge für einen neuen Umgang mit Komplexität* (2., durchgeseh. Aufl.). Stuttgart: DVA.

Watzlawick, Paul (1992): *Wie wirklich ist die Wirklichkeit? Wahn – Täuschung – Verstehen* (20. Aufl.). München: Piper.

Watzlawick, Paul (1998): *Vom Schlechten des Guten oder Hekates Lösungen* (6. Aufl.). München: Piper.

Watzlawick, Paul (1998): *Vom Unsinn des Sinns oder vom Sinn des Unsinns* (5. Aufl.). München: Piper.

* Watzlawick, Paul (Hrsg.): (1998). *Die erfundene Wirklichkeit: wie wissen wir, was wir zu wissen glauben. Beiträge zum Konstruktivismus* (10. Aufl.). München: Piper.

Watzlawick, Paul u.a. (1992): *Lösungen: zur Theorie und Praxis menschlichen Wandels* (5. Aufl.). Bern: Huber.

Weiser-Cornell, Ann (1997): *Focusing – Der Stimme des Körpers folgen. Anleitungen und Übungen zur Selbsterfahrung.* Reinbek: Rowohlt.

* Zintl, Viola (1998): *Lernen mit System.* München: Urban & Fischer.

Zöllner, Ulrike (1996): *Dem eigenen Leben Gestalt geben: wie man Lebensphasen erkennt und damit umgehen kann, um zu einem erfüllten Leben zu gelangen.* Zürich: Kreuz.

Zucker, Betty (1999): Der 2000sassa. Der neue Held. *GDI-Impuls, 17* (4), 12-15.

Zulehner, Paul M. u.a. (1996): *Solidarität. Option für die Modernisierungsverlierer.* Innsbruck: Tyrolia.

Züst, Rainer (1997): *Einstieg ins Systems Engineering: systematisch denken, handeln und umsetzen.* Zürich: Industrielle Organisation.

Die Autoren

Dr. Hubert Klingenberger, geb. 1962, ist Referent für Pädagogik am Kardinal-Döpfner-Haus in Freising, Dozent für Potenzialanalyse und Kompetenztraining, u.a. tätig als Lehrbeauftragter an der Hochschule für Philosophie SJ, München.

Viola Zintl, MA Pädagogik, geb. 1966 ist freiberufliche Beraterin und Trainerin für Persönlichkeits-, Personal- und Organisationsentwicklung.

Unser Kurs-Konzept

Angestoßen wurde unser Kurskonzept durch verschiedene Begegnungen und Kontakte mit Prof. Heiner Keupp von der Ludwig-Maximilians-Universität in München seit Mitte der 90er-Jahre. Er beschreibt in seinen Vorträgen und Publikationen das Leben und Erleben der Menschen am Ende des ausgehenden Jahrhunderts und zu Beginn des neuen Jahrtausends. Er macht sich Gedanken darüber, was diese Menschen – wir also – an Grundausstattung zum Überleben (physisch wie psychisch) brauchen *(vgl. Keupp, 1999).* Seine Analyse fasziniert uns ebenso wie seine Schlussfolgerungen und wir haben sie für die Erwachsenenbildung fruchtbar gemacht. Dies geschah zum Beispiel bei der 1. Erwachsenenpädagogischen Werktagung am Kardinal-Döpfner-Haus in Freising *(vgl. Klingenberger & Krecan-Kirchbichler, 1999).*

Und schließlich entwickelten wir für das Kardinal-Döpfner-Haus – ein Erwachsenenbildungszentrum in Freising bei München – ein Kurs-Konzept unter dem Motto »Mein eigenes Leben gestalten«. Es umfasste zunächst sechs Kursblöcke zu den Themen Deutungs- und Entscheidungskompetenz, Konflikt- und biografische Gestaltungsfähigkeit, Beziehungskompetenz und die Fähigkeit, sich selber zu ermutigen. Diese Kompetenzen entsprechen den Inhalten der ersten zwei Bände der vorliegenden Reihe.

Bald merkten wir jedoch, dass uns wesentliche Kompetenzen noch fehlten: 1. die Kreativität, um spielerisch Neues auszuprobieren, anzufangen und auch einmal einen Fehler machen zu können, 2. das Systemdenken, um mit der persönlichen wie institutionellen Umwelt zu leben und zu arbeiten statt gegen sie und 3. die Fähigkeit, aus Informationen Wissen und Handlungsalternativen zu machen, um Gelerntes in unseren Alltag zu transferieren und Probleme gezielt lösen zu können.

Damit erweiterten wir unser Seminarprogramm und diese Buchkonzeption um einen dritten Band.

Wir sind selbst zwei typische »Kinder der Moderne« *(Beck, Hrsg., 1997):*

- innerlich wie mit anderen darum ringend,
  sich über verschiedenste Situationen klar zu werden,
- mehr oder weniger geduldig diesbezüglich,
- Schnittmengen aushandelnd,
- bemüht, Entscheidungen nach allen möglichen Seiten hin,
  nicht zuletzt auch nach innen, zu prüfen und abzufedern,
- mal mehr, mal weniger gebeutelt durch
  Lebens-, Beziehungs- und Arbeitskrisen,
- Selbstlernende im Prozess zunehmender
  Freiheiten und geringer werdender Sicherheiten.

Das hat uns immer wieder 1. am eigenen Leib Nöte und Freiräume spüren lassen, 2. die Notwendigkeit zur Thematisierung dieser Zerreißproben gezeigt, 3. nach Möglichkeiten, Methoden und Wegen suchen lassen, mit den Herausforderungen umzugehen, und 4. die Bedürfnisse unserer Seminarteilnehmer/-innen mit unseren eigenen Erfahrungen vergleichen lassen.

Nicht zuletzt die so erfahrene positive Resonanz unserer Teilnehmer/-innen bringt uns dazu, unsere Seminarerfahrungen, die theoretischen Hintergründe und unser Methodenrepertoire so darzustellen, dass Sie sie jetzt in Buchform für Ihre eigenen Situationen und Fragen vorliegen haben.